KB120303

중국 회화 예술에 관하여

中國畫法研究

범증范曾 지음 / 신의경申宜暻 옮김

중국 회화 예술에 관하여

中國畫法研究

學古房

中國畫法研究

Copyright © 2015 Fan Zeng

All rights Reserved.

Korean copyright © 2024 by Hakgobang

Planner: Gao Haiyan, Zhang Ning

이 책의 한국어판 저작권은 저자 Fan Zeng의

독점계약으로 한국어 판권을 학고방에서 소유합니다.

저작권법에 의하여 한국 내에서 보호를 받는 저작물이므로

무단전재와 복제를 금합니다.

범증范曾

범증范曾

1938년 중국 강소江蘇 난통南通 출신으로, 널리 존경받는 중국 당대 서화의 거장이자 국학 대사, 문학가, 시인이다.

현재 베이징대학 중국화법연구원北京大學中國畵法研究院 원장 및 명예교수, 국립중국예술연구원國立中國藝術研究院·남개대학교南開大學·남통대학교南通大學 종신교수, 계산서원稽山書院 및 반산서원盤山書院 산장山長등 주요 직책을 맡고 있으며, 영국 글래스고 대학University of Glasgow, UK과 캐나다 앨버타 대학University of Alberta, Canada 명예 문학박사이다.

2008년 프랑스에서 "시민의 별Citizen's Star"골드 메달 수상, 2009년 유네스코 "다문화주의 특별고문"으로 임명되어, 2010년 9월 니콜라 사르코지Nicolas Sarkozy 프랑스 대통령으로부터 레지옹 도뇌르 훈장ordre national de la Légion d'honneur 수훈, 2011년 중국예술연구소로부터 평생 공로상 수상, 2015년 6월 3일 이탈리아 대통령 세르지오 마타렐라Sergio Mattarella로부터 최고사령관 훈장을 수여받은 바 있다.

범증 선생의 가문은 450년 전 중국의 영향력 있는 시인 가문으로, 그는 13대손이다. 고전에서 현대까지 중국과 서양의 역사, 문학, 철학에 정통한 범증 선생은 "고전 속으로, 자연으로 돌아가다.回歸古典, 回歸自然"라는 원칙을 주창했다. 그는 "시를 혼으로 삼고, 서예를 골격으로 삼는다.以詩爲魂, 以書爲骨"라는 미학 원리를 응용해 중국 회화 발전에 커다란 공헌을 하였으며, 또한 중국 미술의 신고전주의 운동에도 앞장섰다.

중국과 서양의 학자들 가운데, 그는 그의 작품 전반에 걸쳐 웅장하고 우아한 문체를 발전시켜 중국 최고의 작가로 꼽힌다. 그는 "문화대혁명 특별 자문관" 자격으로 유네스코 본부에서 "고전 속으로, 자연으로 돌아가다.", "자연으로 다가가다.", "근본적 지혜"라는 제목의 강연을 세 차례 한 바 있다. 1984년, 일본 오카야마 현은 범증 미술관을 설립하였으며, 그를 영예의 첫 번째 유일한 중국 시민으로 만들었다. 1986년에는 남개대학교 동방 예술 학원 설립을 위한 건축 기금을 기부하면서 중국의 "10대 자선가"로 꼽히기도 하였다.

　　오랜 세월의 노고를 통해 범증 선생은 "위엄 있는 신사의 시", "중국 회화 예술", "중국 고전 산문과 역사의 우연한 연구", "범증의 시", "장자의 소박한 모습", "범증의 명화"등 150여 권의 책을 완성했다. 범증과 팔대산인의 의례적인 교감을 담은 화첩, 시와 산문집, 예술론, 강연집등 범증 선생의 저술은 160여 부에 달하며, 그 중 "노장심해", "녹관대나무"등 130여 편이 국립중앙도서관에 소장되어 있다.

　　범증 선생은 자화상처럼 자신을 이렇게 말한다. "그림에 심취하고, 서예에 능하며, 때로는 시와 산문을 통해 개인적인 정서를 표현하고, 세상의 변화에 대한 폭넓은 이해와 함께 역사책을 즐긴다."

도자벽화道子畵壁

고산유수高山流水

제 1 장

서론

속담에도 있듯이, "내면의 귀한 옥을 드러내기 위해서는, 바위의 거친 표면을 긁어내야 한다. 이와 마찬가지로, 바람직하지 않은 악행을 근절해야만 새로운 관습이 시작될 수 있다." 중국 회화에서 경험적이고 직관적이며 귀납적인 동양 철학의 방법론을 벗어나 서양의 실증적이고 이분법적이며 논리적인 방법론으로 나아간다면, 즉시 중국 회화의 전통에서 벗어나게 된다. 왜냐하면 중국 화가들은 예로부터 그렇게 생각하지 않았기 때문이다. 동양의 학문(주로 유儒, 불佛, 도道를 지칭함)은 2500년 전부터 이미 방법론과 존재론의 조화로운 융합을 통해 선善하고 때 묻지 않은 순결淸淨의 완전한 영역에 도달했다. 탁월하고 자족적인 이 같은 사상 체계는 타산지적他山之石이 필요 없는 아름다운 옥이다. 그것은 구름 위로 뻗은 산꼭대기처럼 높고, 끝없이 펼쳐진 창해滄海처럼 맑다. 그것은 결코 당신과 멀리 떨어져 있지 않다. 당신의 곁에 있을 뿐만 아니라 당신의 마음속에 있다. 당신의 그 마음은 순수하고 잔해가 전혀 없는, 무한하고 영원한 우주로 통하는 문을 가지고 있다. 장자는 이 문을 "하늘의 문天門"이라고 불렀다. 왕양명王陽明은 "마음 너머에는 하늘이 있을 수 없다.心外無天"라고 했는데, 이는 심장의 고동이 멎으면 하늘의 존재가 무의미해지기 때문이다. 당신은 우주의 일부이고, 우

주는 당신의 것이니, 이 상호 의존성을 공자는 "천인합일天人合一"이라고
했다. 탕湯왕은 《명반銘盤》에서 "진실로 하루가 새로웠다면, 날마다 새롭게
하고 또 새롭게 하라.苟日新, 日日新, 又日新"라고 말했는데, 이에 대해 나는
다음과 같이 설명하고자 한다. 그림을 평가하는 것은 사실 좋고 나쁨이 중요
한 것이지, 단지 새롭고 오래된 것에만 국한되지 않는다. 인류의 역사는 지
금까지 기껏해야 300만 년이다. 그 기원은 아프리카 고대 모계로 거슬러 올
라갈 수 있으며, 그녀의 자손들이 번성하면서 피부는 자연의 염색, 표백 등
의 과정을 거쳐 오늘날 세계 각국의 다양한 인종이 생겨났다. 사실, 300만
년은 우주의 수백억년에 비하면 "백구가 틈바구니 앞을 지나가듯白駒過隙"
순간에 불과하다. 300만 년은 불가佛家의 《묘법연화경妙法蓮華經》에서 일
겁의 순간인 찰나에 불과하다. 인류의 지혜가 비범한 수준으로 발전했다고
믿는 것은 우리에게 터무니없는 일이다! 가장 불치병인 자만심에 현혹된
인류는 후손이 그들의 조상을 필연적으로 이길 것이라고 잘못 믿고 있다.
이는 서양 사상의 논리에 깊이 뿌리박힌 사고방식이다. 아리스토텔레스의
"지구중심설"과 코페르니쿠스 《천체운행론天體運行論》의 "태양중심설" 사
이에 2000년이 흘렀고, 이 기간 동안 갈릴레오와 같은 꽤 많은 과학자들이
종교재판으로 투옥되거나 브루노와 같은 몇몇은 콜타르로 화형에 처해졌다.
이에 반해 동양에서는 지식인들이 그들의 급진적인 사상 때문에 그러한 잔
혹한 처벌을 받은 적이 없었다. 이지李贄가 다소 억울하게 죄를 받은 것은
사실이지만, 그의 《동심설童心說》에서 설명한 그의 사상은 2000년 전에 이
미 존재했고, 그것보다도 더 잘 설파되었다. 그를 처벌한 진짜 이유는 그의
반항적 본성에 대한 당시 권력자들의 두려움 때문이었다. 진시황秦始皇의
분서갱유焚書坑儒는 유교적 방법론이 아니라 유가의 법치에 대한 무시였다.
중국 방법론의 비길 데 없는 지혜는 도덕경에서 찾을 수 있다. "되돌아감
('反'은 '返'과 같은 뜻으로 돌아간다, 복귀한다는 뜻임)은 도道의 움직임이

다." 요컨대 "회귀回歸"는 태곳적부터 "만물이 극단에 이르면 반전한다.物極必反"라는 우주 불변의 법칙이다. 우리는 모두 이것이 우주의 위대한 미덕이라는 것을 알고 있다. 중국인들에게 여유와 안락함의 평온한 존재는 "자연自然"이다. 심지어 중국 역사상 가장 혹독한 통치자라 할지라도 "자연"의 절대 권위에는 굴복했기 때문에, 우리는 이점에 대한 그들의 태도를 근거하여 그들의 인격을 판단할 수는 없다.

고대 동양학 특히 중국의 학문을 연구할 때 반드시 기억해야 할 점은 우리는 끝없는 비판(여기서 "비판"은 "문화대혁명"의 "대비판大批判"을 의미하는 것이 아니라 "분석"과 "평가"를 말함)을 하기 위해 고정된 모델인 프로크루스테스Procrustes의 방식을 취해서는 안 된다는 것이다. 그렇지 않으면 종종 미궁에 빠지거나 수렁에 빠질 수밖에 없다.

우리가 오늘날 보는 화려한 세계, 온갖 허세를 부리는 사람들, 특히 소위 모던이라고 하는 것들은 모두 불안한 몸부림에 불과하며, 인간 본질의 발전과는 아무런 관련이 없다. "불안함躁動"은 인간의 멸망으로 가는 피할 수 없는 길을 의미하며, 이는 동양 철학적 사고의 정점, 즉 불안을 극복하는 열쇠는 마음의 고요함이라는 "정위조군靜爲躁君"을 이해해야만 막을 수 있다. "불안함"은 "불순함"에 그 기원을 두고 있다. "정성이 없으면 아무것도 없다.非誠無物"라는 공급孔伋의 말과 왕양명王陽明의 "마음 너머에는 아무것도 없다.心外無物"라는 말은 같은 진리인데, 마음은 진정성誠이며, 진심이 있는 곳에 마음이 있다. 장자莊子에 따르면 과거와 현재는 이분법적인 개념이 아니라 "동일하고 하나이다." 마치 태고의 상수리나무, 참죽나무가 아침에 태어나 저녁에 죽는 왕개미와 "동일하고 하나이듯", 팔백 년을 산 팽조와 성인이 되기 전 요절한 자들도 "하나이고 똑같다." 왕선산王船山이 정의

한 사물의 이분법적 본성은 장자가 말한 "동질성齊一"과 동일한 진리이다. 이 "동질성齊一"의 영역에서는 모든 것이 평화로운 고요함으로 귀속된다. 그것은 과연 무엇일까? 그것은 무궁無窮의 문이며, 무無의 세계이다. 그것은 순수하고, 갓난아기이자 경계가 없다.

서양의 현자인 스티븐 호킹의 대중 과학서《시간의 역사A Brief History of Time》,《호두껍질 속의 우주The Universe in a Nutshell》,《우주의 기원과 운명 The origin and fate of the universe》은 그가 가진 초월적인 지혜로 창안한 "빅뱅 이론"인데, 노자의 철학 사상인 "모든 것은 무에서 나온다.無中生有"와 "유와 무는 서로 살게 해준다.有無相生"와 거의 부합한다. 즉, "유"와 "무" 는 같은 근원에서 나왔지만 다른 이름일 뿐이다. 우주가 언제 시작되었고 언제 끝날 것인가에 대한 문제는 시간이 시작된 이래 만족할 만한 답을 얻지 못했고, 아마도 무한한 미래에도 영원히 풀리지 않을 것이다. 그러므로 우리는 우주 앞에서 항상 겸손함과 경외심을 영원히 유지해야 한다. 지금까지 삶의 과정에 대한 가장 변증법적이고 철저한 이해는 노자의 "영원한 회귀復歸"와 "삶이 있으면 죽음이 있고, 죽음이 있으면 삶도 있다.方生方死, 方死方生"라는 장자의 철학에서 찾을 수 있다. 인류가 설명할 수 있는 우주의 양상은 매우 제한적이며, 아마도 우리가 알고 있는 모든 것의 극히 일부일 것이다. 학식이 넘쳐난다고? 광활한 우주 앞에서 어느 학자가 초라하지 않겠는가? 19세기 프랑스의 위대한 조각가 오귀스트 로댕Auguste Rodin은 이렇게 말했다. "나는 완전히 자연에 복종하며, 결코 자연을 지배하려고 하지 않는다. 나의 유일한 야망은 자연에 대해 겸손하고 그것에 충실하는 것뿐이다." 노자는 같은 맥락에서, "자연은 편향되지 않고, 모든 것을 동등하게 여기며, 성인은 편견이 없고, 만인을 동등하게 대한다."라고 했다. 위의 두 격언을 진정으로 이해할 수 있다면, 우리는 수많은 질문에 대한 답을 찾을 수 있을 것이며, 억지스러운 관념과 희망적인 생각을 버릴 수 있을 것이다. "자연自然"은 본래 자유롭고 평온하며, 도道는 영원히 완벽하기 때문이다. 도의 창조에 대한 신비는 물론 우리 너머에 있다. 추운 겨울에 내리는 수십억 개의 눈송이들 가운데 비슷한 모양의 눈송이가 있을까? 수많은 사람들 중에 지문이 똑같은 사람이 단 한 명이라도 있을까? 원의 둘레와 지름의 비율은 왜 무한대이고 근사 상수일까?

사실 그러한 가장 단순한 질문들은 우주의 가장 근본적인 원리, 즉 무한성을 구체화한다. 중국인들은 고대 신화에 나오는 복희伏羲씨 시대와 주周나라 문왕文王이 팔괘를 그리던 시기부터 이것에 대해 생각해왔다. 자연에 대한 합리적인 설명이 없을 때, 중국인들은 합리적인 논리보다는 직관적인 인식의 힘에 의존했다. 성현들의 이러한 귀납적 사고방식은 그들이 세부적인 탐구에 갇히지 않도록 해 주었고, 그들을 만물의 심장과 영혼으로 직접 나아가게 했다. 소위 "직접 영혜의 세계로 이르는 것直抵靈府"이란, 단순히 "도"를 알고 있다는 것을 넘어, "도"의 무궁무진함을 깨닫는 것을 의미한다. 즉, 육합 너머의 진리를 성인들은 보유하지만 논의하지는 않는다. 이는 후대 사람들이 스스로 깨닫도록 기다리는 태도이지만, 그동안 "자연"은 그 영원한 매력과 웅장함을 계속해서 발산할 것이기 때문에, 이것을 소극적인 기다림으로 받아들여서는 안 된다. 공자는 "사람은 이치를 고양시킬 수 있어도, 그 이치가 사람을 고양시킬 수는 없다."라고 말한 바 있다. 따라서 고대 성인은 인간의 창의성과 선택의지에 대한 자신의 확신을 표현했지만, 그에게 이상적인 존재 방식은 "침울함과 불안으로 가득 차 있는"것이 아니라 "개방적이고 침착한" 것이었다. 또한 노자는 "말할 수 있는 도는 영원한 도가 아니다."라고 주장했다. 그렇다면 "영원한 도"란 무엇일까? 그것은 우주의 기본 법칙이며, 일단 명료화되면 영원한 도에서 벗어난다. 그 결과 2천년 넘게

수많은 사람들이 성인의 지혜로부터 자연에 대한 경외심을 배웠다. 장자에 따르면 "천지는 위대한 아름다움을 지니고 있으면서도 말하지 않으며, 사계절은 분명한 법칙이 있지만 그것을 언급하지 않는다. 만물은 성장의 원리가 있지만 설명하지 않는다."라고 했다. 자연은 그 침묵을 통해 일관되고 흔들리지 않는 방식으로 인류를 가르쳐 왔다. 공자는 《역경易經》의 일부인 《십익十翼》에서 "자연은 거북이나 통풀과 같은 신성한 것을 우리에게 베풀었고, 성인은 그것을 점술로 삼았다. 천지가 변화하니 성인이 그것을 이어받으며, 하늘이 상象을 드리워 길흉을 드러내니 성인이 그것을 상으로 삼았다." 대자연의 계시보다 더 중요한 것은 없으며, 우리가 성취할 수 있는 것은 겸손하고 자연에 충실하는 것 말고는 없다.

과거 인류의 모든 잘못과 어리석음은 자연에 대한 과신과 무시의 결과였으며, 자연의 고유한 법칙에서 벗어났다. 하지만 자연은 인간의 잘못된 행동에 대해 가혹한 처벌을 내릴 의도가 없다. 사실 인간의 행동이 지나치게 과도하지 않는 한 자연은 그것의 거대한 관대함 속에서 여전히 수용하고 용서할 것이다. 그러나 포스트 산업 시대가 도래한 이후, 인간은 자기 자만심을 훨씬 넘어 스스로를 우주의 중심이라고 여기고 있다. 사실 인간의 악행을 우주가 가만히 보고만 있지는 않는다. 우주는 인간의 악행을 참다못하면, 반드시 인간의 잘못으로 인해 발생한 자연의 불균형을 빠르게 해결할 것이다. 인류여, 당신은 대체 누구인가? 당신은 그저 한 톨의 겨, 한 줌의 먼지에 불과하다.

공자상孔子像(2016)

그 결과 인류는 공포에 질려 세계의 종말을 예측했다. 사실 지구의 표면이 뜨거운 액체나 초기 해양으로 덮여 있던 40억 년 전부터 지금까지 지구는 고유의 법칙에 따라 세세한 부분까지 정확하게 진화해 왔다. 이 법칙들은 어떤 신의 의지의 구현이 아니라 자연의 생성이다. 만약 인간이 존재하지 않았다면, 지구는 오늘날보다 만 배는 더 아름다웠을 것이다. 남북한 사이의 비무장 지대로 알려진 좁은 땅을 생각해 보라. 1953년 휴전 이후 생긴 철조망 경계로, 남북한이 갈라져 아무도 비무장지대DMZ를 통과하지 못했다. 불과 몇 십 년 만에 DMZ는 무성한 목초지, 아름다운 꽃, 그리고 더 놀라운 것은 온갖 이국적인 새와 짐승들이 모여드는 자연의 원더랜드가 탄생되었다. 그래서 우리는 훌륭한 교훈을 얻었다. "자연은 편향되지 않고 모든 것을 동등하게 여긴다." 이 "편향되지 않은 인애仁愛"는 인간 사회에서 가장 성실하고 합리적이며 이성적인 개념이지만, "인仁"은 "불인不仁"의 존재에 기인하며, 달리 표현하면 "대덕이 상실되어야 인의가 생길 수 있다." 결국 "인仁"은 자연의 기본 법칙을 버린 결과이다. 사회 안정을 유지하는 데는 매우 효과적이지만, 태양이나 별의 움직임을 바꾸거나 사막의 모래도 휘젓지 못한다는 점에서 자연 앞에서는 "인애"가 무력하다. 대자연의 천혜의 눈으로 보면 지상의 모든 생물은 자연 주기에 따라 살고, 자라고, 소멸한다. 사람들이 노자의 이 말을 이해하게 되면, 자연이 실제로 인간에게 바라는 것은 자신의 보잘것없는 지혜로 자연을 개조하려는 것이 아니라 "무위無爲"라는 것을 깨닫게 될 것이다. 러시아의 생물학자 미추린Иван Владимирович Мичурин은 "우리는 자연의 은혜를 기다려서는 안 되며 자연으로부터 쟁취해야 한다."라는 말을 한 적이 있다. 이 말은 인간이 주체적으로 활동하여 더 큰 성과를 거두어야 한다는 뜻으로, 그 의미는 옳다. 그러나 여기에는 한계가 있다. 과도한 쟁취는 약탈과 다름없으며, 인간이 자연을 존중하지 않을 때 자연은 그 위력으로 보복할 것이다.

중국화법 연구의 서두를 이렇게 공들여 쓰는 이유는 한 민족의 문화와 그 민족의 사고방식은 절대적인 관계에 있기 때문이다. 만약 사고방식에 어긋나면, 그 예술의 표현은 절대적으로 다른 길을 걷게 된다. 세상의 각 민족의 예술은 각자의 아름다움을 갖추고 있으며, 각기 그 아름다움을 꽃피우는 것이지, 한 솥에 녹여내는 것은 어리석은 자가 꿈을 말하고, 길을 잃은 자가 소경에게 묻는 것과 같다. 일본 무로마치 시대(1336~1573)의 유명한 화가 셋슈 도요雪舟等楊(1420~1506)는 명明나라 때 남송南宋의 마원馬遠과 하규夏圭가 세운 화파를 배우기 위해 중국에 왔다. 중국의 거장들을 모방한 그의 노력과 업적에도 불구하고, 셋슈의 그림을 최종 분석해보면 결국 일본 고유의 색채가 남아 있다. 그래서 우리는 그를 "일본 화단의 거장"이라고 부를 수는 있지만, "중국화의 대가"라고는 할 수 없다. 그 이유는 중국 고대 철학은 유연하고 깊이가 있으며, 중국 문화는 방대하고, 정교하고, 고상하고, 거대하기 때문이다. 얕게만 접근하는 사람은 그 깊이를 가늠할 수 없다. 따라서 문화의 본질을 받아들이는 데 있어서는 받아들이지만 소화하지 못하는 것이 당연하다.

　　그러나 중국이 인도 문화를 흡수한 과정을 살펴보면, 이는 중국의 깊은 문화적 뿌리가 있기에 가능했음을 알 수 있다. 인도 불교가 중국에 전래되었을 때, 처음에는 도가의 학문에 의존할 수밖에 없었다. 심지어는 중국의 방술사들의 손을 빌려 그 교리를 전파하기도 했다. 그러나 중국에 문인들이 개입하지 않았다면, 불교의 현묘한 법문은 결국 사람들의 마음에 깊이 스며들 수 없었을 것이다. 따라서 불교의 중국화는 한, 위진남북조, 수당에 이르는 긴 과정을 거쳤다. 이 과정에서 안세고安世高, 도안道安 축도생竺道生, 쿠마라지바鳩摩羅什, 현장玄奘 등은 모두 혁혁한 공을 세웠다. 그들 모두가 중국인은 아니었지만 중국 문화에 대한 깊은 이해를 가지고 있었다. 남조南朝

의 승조僧肇와 사령운謝靈運, 당唐대의 신수神秀와 혜능慧能은 각각 북선종("점진적" 접근)과 남선종("급진적" 접근)을 발전시켰다. 불교가 인도 제도에서 중국으로 성공적으로 전파된 근본적인 이유는 중국 문화의 외래 문화 동화 능력, 즉 중국 문화가 외래문화를 흡수하여 인도 불교를 중국에 맞게 변화시켰기 때문이다. 선진先秦 시대 이전부터 중국 문화는 흔들리지 않는 자생 체제가 구축되어 다른 문화를 차용하고 배우면서도 결코 다른 문화의 지배에 굴복한 적이 없었다.

따라서 중국화를 논할 때에는 중국 문화의 눈眼·귀耳·코鼻·입舌·몸身·정신意을 통해, 중화 민족의 색色·소리聲·향香·맛味·감촉觸·방법론法으로 육근六根을 체감해야 한다. 우리는 이 육감을 통해 끊임없이 변화하는 궁극의 영역을 가진 육감의 대상을 이해해야 한다. 중국 학문의 사상을 이해하기 위해서는 유有가 무無에서 비롯되며 유와 무는 사실 하나이고 동일하다는 노자의 철학적 사상을 받아들이는 법을 배워야 한다. 일이 저절로 진행되도록 하는 궁극적인 목표에 대한 "무위無爲"를 이해했을 때, 우리는 이미 우리가 성취하기 위해 세운 절반의 정도를 달성한 것이다.

좋은 글을 함께 감상함奇文共欣賞

奇文共赏宝疑義相與析

歲在甲申江東士翼范曾

제2장

"회사후소繪事後素"의 진정한 의미

"곱게 웃는 모습에 보조개 예쁘고, 아름다운 눈동자 흑백이 분명하네. 흰 바탕에 고운 채색 더한 듯하네!"라는 구절이 《시경詩經》에서 나온 것임을 감안하면 군이 주석을 달 필요는 없다. 그러나 후대의 어설픈 학자들에 의해 널리 퍼진 오해는 모두 공자에게 "무엇을 말하는 것입니까?"라고 물었던 자하子夏의 집요함에서 비롯되었다. 사실 그 대답은 "밤에는 잠자리에 들고 낮에는 식사를 하는 것처럼, 남에게 말하지 않아도 되는 것이다."라는 정초鄭樵의 말에 있다. 하지만 섣부른 유학자들은 이런 "인식할 필요가 없는 것" (즉, 설명 없이도 알 수 있는 것, 소위 자연스럽게 갖추어진 지식)을 자세히 설명한다. 하지만 자세히 설명할수록 오히려 헷갈리게 만든다. 갑자기 누군가가 "나는 밤에 이미 잠을 잤고, 아침에 이미 밥을 먹었다."라고 말한다면, 듣는 사람은 과연 그 말을 그대로 믿을까? 반드시 이렇게 말할 것이다. "이 말은 허튼소리가 아니다. 만약 밤에 자고 아침에 먹었다면, 왜 사람들에게 군이 알리겠는가?" 선대 유학자들이 경전을 자의적으로 해석하여 후세 사람들을 혼란에 빠뜨린 것도 이와 같다. 사람들은 본질적인 의심 때문에 답을 찾기 시작하지만 그 과정에서 혼란스러울 수 있다. 그래서 남들이 가리키는 북쪽을 남쪽이라고 생각하고, 낮을 밤이라고 생각하게 된다. 그리고 자기가 얻은 지식이 자득의 학문이라 생각하며 기뻐한다. 그러나 사실 그들은 진리의 길에서 멀어져 헤매고 있는 것이다. 참으로 애석할 따름이다! 이러한 바람직하지 않은 결과의 원인은 다름 아닌 의심이며, 이는 잘못된 이해를 지식으로 오인하는 데서 비롯된다. (서문에서 《이아爾雅》 주석으로 인용) 미인의 표정에 미동이 없는 상태를 "소素(순수함)"라 하고, 가벼운 인상을 찌푸리거나 조용한 미소를 짓는 것과 경이로운 눈빛을 우리는 "현絢(아름다움)"이라고 한다. "그것이 무엇을 말하는 것입니까?"라는 자하子夏의 질문은 아무런 타당성이 없다. 이와 비슷하게 달이 동쪽 산 너머 위로 떠오를 때, 달이 그곳에 있는지 알기 위해 그것을 가리킬 필요가 있는가? 송나라 태조가 한 말처럼 "해가 깊은 바다를 벗어나지 않으면 천 개의 산은 어둡다. 중천에 이르러야 온 세상이 밝아진다. 이는 필연적인 순환이다. 쓸데없이 궁금해 하는 사람이 '무엇을 말하는지?'라고 묻지 않아도 된다. 그때는 감동조차도 충분하지 못하고, 더군다나 그것을 굳이 묻는 것은 아무런 소용이 없다."

공자는 어쩔 수 없이 자하子夏의 질문에 "그림은 흰 바탕 위에 그리는 것繪事後素"이라고 대답했다. 이는 제자를 이해시키기 위해 어쩔 수 없이 한 말이다. "그림繪"과 "흰 바탕素"은 본래 하나로 합쳐져 있는 것이지만, 굳이 먼저와 나중을 구분해야 한다면 "그림은 흰 바탕 위에 그리는 것"이라고 할 수 있다. 명나라 후기의 대유학자 장대張岱는 공자의 해석을 "달 위에 손가락을 가리키는 것"이라고 비판했다. 이는 공자가 어쩔 수 없이 자의적인 해석을 했다는 의미이다. 그리고 자하가 "예禮는 그림 나중입니까?"라고 물은 것은 더욱 쓸데없는 질문이라고 비판했다. 장대가 의미하는 바는 만약 공자가 "덕을 갖춘 후에 예가 따라야 한다."라고 답했다면, 그것은 애당초 "달"이라는 원래 지점에서 더 멀어지게 된다는 뜻이다. 그러므로 우리는 공자가 자하로 하여금 사물의 본질, 즉 "가리키지 않아도 달을 아는 것"과 "사물의 외형에 근거하여 이해"하지 않기를 기대했음을 알 수 있다. 덕德과 예禮 그리고 회繪와 소素는 원래 정해진 순서가 없다. 장대가 말했듯이, "당신이 '전자'를 언급한 것은 당연히 '후자'가 있음을 암시하는 것이다." 마찬가지로 노자老子에게 있어 "유有"와 "무無"는 다른 이름을 가진 동일한 실체이고, 전후가 존재하지 않는다. 공자는 이렇게 말했다. "나를 깨우친 사람은 상商이고, 이제 나는 그대와 시경을 논할 수 있게 되었다!" 이 말은 "자하(공자가 다른 이름을 사용하여, 여기서는 복상卜商이라 씀)가 (마지못해) 나를 이렇게 설명하도록 부추겼으니, 그렇다면 '시경詩'에 대해 논해 보자."는 뜻이다. 이 구절은 후세 사람들이 '시경'을 논할 때, 그 뜻을 이해하는 데 중점을 두어야 한다는 것을 가르쳐 준다. 이는 "시를 지으려면 이러한 시를 지어야 하고, 그렇지 않으면 시인이 아니다."라는 것을 알게 해 준다. 지금까지 우리는 "소素"와 "회繪"가 두 개의 다른 글자이지만, 실제로는 같은 의미를 갖는다는 것을 알았다. 바탕이 깔리기 전에는 색의 적용이 시작될 수 없다. 무無와 유有는 같이 출현했지만 다른 이름을 가지듯이, 소素와 회繪는 다른 이름을 가진 하나이기 때문에 색의 적용과 관련되어 순차적인 순서가 없다.

최근 화가들과 미술 평론가들은 국학의 기초가 탄탄하지 못해 "그림을 그리는 것은 흰 바탕이 있은 후繪事後素"라는 말을 고문의 실제 의미가 아닌 자신의 피상적이고 무모한 이해로 잘못 해석해 공자의 가르침과 정 반대되는 양상을 보인다. 어떤 사람들은 "소素"를 중국에서 선화線畵로 알려진 "소묘素描"라고 말한다. 즉 중국에서는 "백묘白描"라고도 한다. 또 다른 이들은 "채색은 기본 바탕이 실제로 선 그리기 후에 색상을 채우는 과정"이라고 설명한다. 이러한 터무니없는 이해 때문에 나는 위의 설명을 해야 할 필요가 있다. 공자의 말은 즉, 시를 형태와 형식에 따라 해석하는 것은 잘못이라는 것을 후세에 가르치자는 뜻이었다.

시를 읽는 방법과 그림을 그리는 목적은 어찌 다를 것이 있겠는가? 중국화 연구는 철학적 토대에서 시작되어야 한다. 그렇지 않으면 한 사람이 평생을 그림 예술에 바친다 해도 궁극적인 방법을 배울 수 없고, 결국 무지와 혼란의 악순환을 초래한다. 이것은 중국화의 발전을 위한 길이 아니다. 그런 길을 따라가다 보면 마치 한 밤중에 장님 말을 타고 깊은 웅덩이 가장자리로 가거나 나귀를 타고 나귀를 찾는 사람 즉, 대상이 가까이에 있음에도 자신이 찾고 있는 것을 모른 채 허세만 부리고 있는 것과 같은 형국이다. 이 얼마나 황당하고 우스꽝스러운 상황인가! 이런 광경을 피하려면 먼저 붓을 내려놓고 책을 읽어 학식을 쌓아야 한다. 그리고 나면 그는 "자신이 도를 깨닫지 못한 것을 후회하며, 돌아가 다시 배우겠다."라고 생각할 것이다. 만약 그렇게 된다면 미래는 여전히 희망이 있다. 그리고 그것이 본 저서의 주된 목표이다.

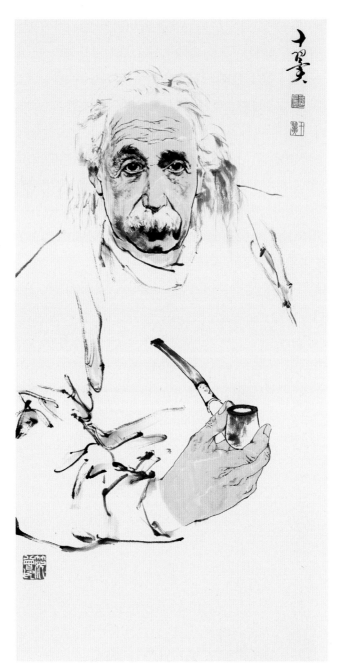

아인슈타인Albert Einstein(2004)

圖書有許
多種類但
好書才是
年輕人該
讀的一類記
住這一點好
書是一種偉
大無價無言的定
善自我的工具
上錄馬克・吐溫語
歲乙酉花沖衛・十翼范曾

마크 트웨인Mark Twain 초상화

제3장

기운생동氣韻生動

중국 남제南齊 말기 화가 사혁謝赫은 《고화품록古畫品祿》에서 그림의 6법
畫論六法에 대해 논한 바 있는데, 전종서錢鍾書 선생은 이를 다음과 같이 구
두점을 찍었다. "기운氣韻, 생동生動이요.氣韻,生動是也(대상이 지니는 기운
을 생생하게 그려 내는 것)", "골법骨法, 용필用筆이요.骨法,用筆是也(형상을
묘사하는 데 있어서 필치와 선조를 적절하게 사용하는 것)", "응물應物, 상
형象形이요.應物,象形是也(대상의 실제 모양을 충실하게 사실적으로 그리는
것)", "수류隨類, 부채賦彩요.隨類,賦彩是也(사물의 종류에 따라 정확하고 필
요한 색을 칠하는 것)", "경영經營, 위치位置요.經營, 位置是也(제재의 취사
선택과 화면의 구도와 위치 설정을 잘 하는 것)", "전이轉移, 모사模寫이다.
轉移,模寫是也(옛 그림의 묘사를 통해 우수한 전통을 더욱 발전시키는 것)"
그 구두점의 스타일은 넉 자씩 읽은 과거의 관행과는 다르게 두 자씩 끊어
서 읽었지만, 사혁의 본지를 완벽하게 포착하고 있다. 전 선생의 구두점은
고대 학자들의 사상을 깊이 이해한 결과이며, 특히 "기운생동"이라는 문장
을 6대 원칙 중 첫 머리에 놓은 것은 중국화의 심장이자 영혼이기 때문이다.
중국 고대 철학은 "기氣"라는 단어를 매우 중시했고, 노자가 공간과 시간의
개념이 탄생하기 전에 우주의 형태가 없는 혼돈의 상태를 천재적으로 묘사

했다는 점을 전종서 선생은 깊이 이해하고 있다. 노자에게 "하나一"라는 단어는 음과 양이 아직 분리되지 않은 상태를 상징한다. 고대 중국의 가장 초기 철학 사상인 음양의 이분법은 하夏·상商조부터 노자老子시대까지 거의 2천 년 동안 존재해 왔다. 음양의 원소는 서로 분리되지 않고 차이도 없다. 주희朱熹에 따르면 이 "무정형(혼돈)"의 단계에서는 "천지가 태어나기 전에 일종의 이성 또는 진리가 존재했다."라고 말한다. 진리는 이성에서 파생되지만, 이성은 진리 안에 존재한다. 현재 천체물리학의 "빅뱅론"에 따르면 그 시초는 균일한 온도, 균일한 밀도, 그리고 극도로 높은 대칭성을 가진 억측(가상)의 상태였다. 나는 약간 비하적인 어조인 "억측(가상)"이라는 용어를 사용했다. 왜냐하면 그러한 이론적 공식은 시간과 공간의 주관적인 개념을 전제로 하여 물체의 움직임을 가능하게 하기 때문이다. 물체의 움직임이 없다면 시간과 공간의 개념은 무의미해질 것이다. 노자와 스티븐 호킹의 우주 생성 이전에 대한 설명이 모두 다소 어색하게 들리지만, 이 어색함은 잘못이나 약점이 아니라 일종의 무력감에 해당한다. 만물이 태어나기 전의 형태가 없는 전 우주를 묘사하기 위해 노자는 지혜를 깊이 활용하여, 도(이치)·황홀함·형체 없는 혼돈·평범함·무한함·극도의 공허함·가물가물한 신비로움·하나와 같은 용어를 생각해냈다. 그런 다음 그는 이 우주 이전의 것으로부터 형성된 것들이 독립적으로 계속 움직이고 있다고 가정했다. 그 후 어둠 속에서 형상과 물체가 나타났는데, 노자는 이를 모호하게 정의하고 결론을 내리지 않았다. 영적인 기운(이것은 정신적인 요소와 관련이 있음)의 수렴, 즉 "만물이 음陰을 운반하면서 양陽을 받아들이고, 따라서 기氣에 의해 조화를 이루는 무한한 영적인 힘"은 음과 양의 교감을 통해 모든 것을 낳는다. 그러던 중 갑자기 우주가 열리고 천지가 창조되었다. 노자와 스티븐 호킹의 우주 창조 이론은 모두 무無에서 유有로의 방향을 따르지만, 호킹은 "단일성Unitarity"이라는 원리가 우주 전체를 아우른다는 점을 발견 했고, 반면 노자는 단순히 우주의 창조를 설명하기 위해 "무(정신)"와 "유(물질)의 상호 생성을 통해 우주의 생성을 설명하고, 이를 "보편적 진리常道"라고 말했다.

"기氣"는 신비하고 형태가 없는 우주를 창조하고, "독립적이고 일정하게 만들었으며, 그것을 영구 운동으로 만들었다." 그 후 만물의 성장과 산과 강의 형성은 모두 음을 지고 양을 품으며, 수렴하는 기의 조화의 결과였다. 따라서 "기氣"라는 단어는 중국에서 유비쿼터스Ubiquitous 표현이 되었다. 예를 들어 우리는 누군가의 인품을 말할 때 그의 기개節氣를 중히 여기고, 태도에 대해 논하면 그의 도량氣度을 중시 여기며, 국가의 상태를 논할 때 운명氣數을 말하고, 군대를 논하면 기세氣勢를 이야기한다. 기는 사방에 닿아 사방으로 움직이기 때문에 필연적으로 사람, 산과 바다, 풀과 나무, 강과 개울에까지 두루 퍼져 있다. 그러므로 중국화의 육법六法 중 첫 번째가 "기운생동氣韻生動"인 것도 당연한 것이다.

고대 그리스 철학자 플라톤은 "우주 만물은 영원한 이데아의 모사품이고, 예술은 그 모사품의 모사품이다."라고 말했다. 나도 이 견해에 동의한다. "대자연의 이치를 모델로 삼는 것師造化"과 "작자 내심의 영감에 충실하는 것得心源"은 같은 의미로 다르게 표현되었지만, 예술을 생산할 수 있는 유일한 길을 말한다. "영감心源"과 "대자연造化"은 하나이며, 구별할 필요가 없다. 중국에서 우리는 예술 작품을 "모사품의 모사품"이라고 부른다. 왜냐하면 예술가는 자연을 본떠서 자신의 주관적인 가치를 주입하고 필요한 것은 취하고 버려야 할 것은 버리기 때문이다. 따라서 이러한 예술 창작 과정을 "자연의 본보기"라고 하며, "영감에 의지한다."라고도 알려져 있다.

이 점은 전국戰國 시대의 한비자韓非子와 동한東漢의 마원馬援의 말로 더욱 뒷받침할 수 있다. 한비자는 "귀신이나 도깨비를 그리는 것은 쉽지만, 개와 말을 그리는 것은 어렵다."라고 했고, 동한의 마원은 "범을 그리려다가 개가 될 수도 있다."라고 말했다. 이는 모두 자연을 모방하는 것이 쉽지 않은 일임을 증명한다. 그러나 동한의 왕충王充은 문학을 중시하고 그림을 경시하는 다른 견해를 가지고 있었다. 사람들은 그림 보는 것을 좋아하지만, 그림을 그리는 사람들은 옛날 죽은 사람들의 모습을 그리기 때문에, 누가 그들의 말을 살피고 행동을 살피겠는가? 과거의 유적과 문헌에 담긴 천연함을 어찌 벽에 걸린 그림에 비할 수 있겠는가?"왕충,《논형論衡》 이러한 그의 주장은 이미 당唐나라 장언원張彦遠의 분노를 불러일으켰다. 장언원은 "왕충이 무슨 말을 하는지 모르겠다."라며 거세게 비판했다. 필자인 나 역시 왕충의 유물론적 관점을 극단적으로 보고 있다. 만약 우리가 죽은 사람의 초상화를 그릴 수 없다면, 우리는 고대부터 지금까지 전해 내려오는 역사적 인물화를 모두 없애는 것이 나을지도 모른다! 그런 과격하고 거만한 사람들과 그림의 예술을 논하는 것은 귀머거리에게 음악을 연주하고 장님에게 코끼리 귀의 모양을 묘사하는 것과 같다. 공자의 시교詩敎를 읽는 것과는 전혀 다른 경험이다. 이러한 주제들을 논할 때 너무 과도한 것은 모자란 것만 못한 법이다. 동한의 장형張衡은 "실물을 잘 그리는 것은 어렵지만, 추상적인 것은 무한히 변형시킬 수 있기 때문에" 귀신이나 도깨비를 그리기가 쉽다고 생각했다. 하지만 그것은 또 다른 편견일 뿐이다. 사실 "기운생동"의 영역에 이르면, 귀신과 도깨비를 그리는 것과 개와 말을 그리는 것도 마찬가지로 힘들다. 그 이유는 이러한 사물이 실제로 존재하는가에 있는 것이 아니라 귀신과 도깨비조차도 현실적 사물의 복제, 즉 기괴하고 추악한, 극악무도한 사람을 모방한 것이라는 사실에 있다. 이러한 이유로 왕충과 장형의 이론적 표현은 사실주의의 기원으로 간주되었다. 그것은 중대한 착오가 아닌가?

"기운생동"의 원칙은 무엇을 그리는가가 아니라 어떻게 그리는 것이 중요한지를 더욱 잘 설명해 준다. 같은 대상의 복제는 자연스럽고 유쾌할 수도 있지만, 어색하고 우울할 수도 있고, 그 차이는 전적으로 작가의 재능 정도와 그의 감성의 깊이에 달려있다. 과도로 민감한 예술가에게 "자연"과 "영감"은 다른 이름이지만 같은 것이며, 특별한 순서나 주객의 관계를 둘 필요가 없다.

　"기氣"와 "운韻"을 각각 정의하면, "기"는 무한하고 공허한 영적인 힘을 말하고, "운"은 기가 부여한 모든 생명체의 생생한 실존적 조건이라고 할 수 있다. 따라서 "기운생동"은 뛰어난 예술가의 완전한 영감을 받은 창작 상태가 그림 붓끝에서 웅장하게 흘러나와 익숙한 영역을 넘어 천체를 향해 떠다니는 자연스러운 리듬을 말한다. 붓이 닿기도 전에 생명의 에너지가 공간에 스며드는 것은 일생에서 드문 순간이다. 위대한 예술가라도 평생에 이런 순간을 만나는 것은 쉽지 않다. 마치 "위대한 글쓰기는 우연히 숙련된 손만 찾아오는 천상의 영감의 결과"라는 말이 실감난다. 마찬가지로 위대한 예술은 만 리를 여행하더라도 찾기 힘든 것이다. 만약 누군가가 스스로 "오늘은 반드시 기운이 넘치고 생동감 있는 그림을 그려야겠다."라고 한다면, 나는 그의 노력이 헛수고가 될 것이라고 단정한다. 그러나 같은 사람이 어느 날 아무 생각 없이 붓을 들고 자유롭게 바람을 타고 항해하는 것처럼 완전히 몰입해서 그림을 그리는 모습을 상상해 보라. 그림이 완성된 후에도 그는 여전히 황홀한 상태로 넋을 잃고 있을 것이다. 그러면 그는 천지의 영력이 뒤섞여 순환하는 경지에 도달했다고 할 수 있다. 이런 상태에서 제작된 그림만이 예상치 못한 묘미가 있고, 그렇기 때문에 위대한 예술가들, 특히 중국 화가들이 일생 동안 그린 극히 정교하고 절묘한 작품이 그의 작품 중 천분의 일, 만분의 일밖에 되지 않는 이유이다.

고대인들은 교활함과 속임수가 없는 자연스럽고 성실한 본성을 지닌 것으로 알려져 있다. 노자는 "지혜의 탄생과 함께 큰 위선이 따른다."라고 말했을 때, 그의 시대에 간교함이 시작되면서 단순한 정직성의 상실을 한탄하고 있었다. 허신許愼의 《설문해자說文解字》에서 유래한 "주변 사람들을 관찰하고 일반적으로 자연을 연구함으로써 영감을 얻는다."라는 문구도 고대인과 자연의 밀접한 관계를 나타낸다. 다음 예시는 이러한 긴밀한 관계에 대한 추가적인 증거를 제공할 수 있다. 먼저, 반파半坡도기 그릇은 앙소문화仰韶文化의 물고기 장식과 사람 얼굴이 그려진 것으로, 장인들의 자유로운 상상력과 태평한 마음가짐이 인물의 표정과 헤엄치는 물고기에 생생하고 통렬하게 구현되어 있다. 이 경이로운 유물을 보면서 오늘날의 예술가들은 자신들의 작품에 완전한 진정성이 결여돼 있음을 부끄러워하고 자각해야 한다. 둘째, 앙소 이전의 하모도문화河姆渡文化의 돼지 무늬 토기는 고개를 숙이고 걷는 돼지를 형상화했다. 돼지의 순진한 표정과 가장 절묘한 모양은 장인의 과시적 계략의 산물이 아니라 그들의 창의성이 자연스럽게 발휘된 것이다. 오늘날의 예술가들이 그런 디자인을 만들 수 있을까? 셋째, 삼족백자 항아리는 "주변 사람들을 관찰하고 대자연을 연구하여 영감을 얻는 것"이라는 말을 잘 보여 주는 용산문화龍山文化의 걸작이다. 물주전자의 모양은 마치 목을 길게 뻗어 하늘을 향해 울부짖는 동물의 모습을 약간 닮았고, 손잡이는 이 동물의 꼬리처럼 구부러져 있다. 이처럼 신기하고 흥미로운 디자인은 확실히 오늘날 예술가들의 상상 이상이다. 넷째, 묘저구문화庙底沟文化의 물새와 돌도끼가 그려진 채색 도자기 항아리는 큰 물고기를 부리에 넣고 몸의 균형을 잡기 위해 약간 뒤로 젖힌 큰 눈을 가진 황새를 묘사하고 있다. 그 새의 우아한 매력은 신적으로 느껴졌을 것이다. 이는 인간의 상상에서 나온 것이 아니라 신의 영감을 받은 것임에 틀림없다. 인간의 상상력은 범위가 한정되어 있는데, 어찌 우주의 장엄한 아름다움을 포착하거나 능가

할 수 있겠는가? 이상의 네 가지 예는 "기운생동"을 충분히 증명하고 있다. 이 생명력은 고유한 우주에서 흘러나오는 것이며, "우주는 말로 표현할 수 없는 비범한 아름다움을 가지고 있다." 고대인들은 원시적이고 지식이 부족했을지 모르지만, 그들의 예상 밖의 뛰어난 성과는 그들의 의식적인 노력이 아니라 신성한 영감의 결과이다.

대기에 뿜어내는 에너지氣와 함께 혼돈된 우주가 지닌 본질적 특성은 "성실함誠"이며, 이는 우주의 모든 별과 행성, 모든 생물, 그리고 높은 산과 강, 샘의 실존적 특성이다. 불성실한 것들은 사라져 우주 가장자리에 있는 연기 자욱한 안개 속으로 사라질 것이다. 아마도 우주의 형성에는 수십억 년에 걸친 과정에서 진실한 성취를 위한 경쟁의 모습이 있었을 것이다. 이것은 우주를 모든 면에서 합리적이고 완벽하게 만들어 준다. 우주는 결코 허물이 없으며 부패와 소멸을 막기 위해 영원히 균형을 재조정하고 스스로를 새롭게 하고 있다. 탕왕湯王의 좌우명인 "언젠가 자신을 쇄신할 수 있다면 날마다 그렇게 하라. 쇄신은 결코 멈추지 않을 것이다."라는 것은 영원한 우주의 생명력이다. 맹자孟子는 탕왕의 욕조에 새겨진 이 말을, "군자는 가장 완벽한 영역을 추구하기 위해 자기가 하는 모든 일에 최선을 다해야 한다."라는 의미로 해석한 것이다. 갱신의 목적은 갱신을 위해 갱신하는 것이 아니라 "완벽하게 만드는 것"이다. 여기서 "개조新"는 특정 부분이나 파편의 쇄신을 의미하는 것이 아니라 지속적이고 끊임없이 변화무쌍한 움직임을 의미한다. 1초 후의 우주와 1초 전의 우주는 다르다. 우주의 더 큰 변화에 대해서 사람들은 그들의 제한된 수명 때문에 그것을 관찰할 수 없다. "자아는 실제로 아무 일도 일어나지 않는다."라는 칸트의 말은 인생은 짧고 우주는 무한한 신비를 품고 있다는 그의 감각의 결과다. 소동파가 한탄한 바와 같이, "우리는 이 세상의 한줄기 생명체인 하루살이처럼, 푸른 바다에 떠 있는 한

톨의 좁쌀처럼 미미하다." 웅장한 자연 앞에선 현재뿐 아니라 과거의 모든 현자들은 경외와 감사를 금할 수 없었다. 게다가 아인슈타인이 말한 것처럼, 이 "새로움新"이란 "신은 악의가 없다."라는 의미와 함께 "우주는 항상 선의로 가득 차 있다."라는 의미도 가지고 있다. 《대학大學》에서는 또 다른 예를 제시한다. "대학의 도는 밝은 덕을 기르고, 스스로를 쇄신하며, 완벽한 생각의 영역에 도달하는 것이다." "자신을 개조한다는 것"은 우주의 모든 생물과 무생물을 포함하는 운동의 일부가 되는 것이다. 그리고 이러한 움직임은 그들의 내부 개조에 따라 다양하다.

당나라의 시 세계唐人詩意

44

香入詩意

戊寅春月 感生

寫於花雪齋京華

45

제4장

이천합천以天合天

약 2400년 전 공자의 손자인 공급孔伋은 "천인합일天人合一"이라는 철학적 명제를 제시했는데, 이것은 결국 공자와 노자의 기원으로 거슬러 올라갈 수 있다. 좀 더 거슬러 올라가면 하夏나라때 부터 시작된 《역易》의 초창기에는 《연산連山》이 있었고, 은殷나라 역易의 발전기에는 《귀장歸藏》이 있었다. 그리고 주나라 문왕周文王이 유리羑里의 옥에 갇혀 주역을 연구하면서 역易은 성숙기에 도달하게 되었다. 역易의 성숙기에는 연산連山과 귀장歸藏이 산실되었지만, 살아남은 귀중한 부분들은 의심할 여지없이 "역학易學" 사상의 전체 체계에 스며들었다. 《역경·계사系辭》에서는 "하늘이 신성한 것을 부여하니 성인이 길흉을 점치기 위해 그것을 본보기로 삼았다. 자연이 선과 악의 징조를 나타낼 때, 성인은 징조에 따라 육십사 점의 상징象을 만들었다. 하수河水에서 용도가 나오고 낙수洛水에서 구서가 나오므로 성인이 이를 본받아 팔괘를 만들고 이를 바탕으로 글을 썼다."라고 하늘과 사람에 대한 이야기만 언급했을 뿐 신과 귀신에 대한 이야기는 전혀 없었다. 그러므로 나는 "동방무신東方無神"이라는 철학적 명제를 가장 중요한 이론 원칙으로 생각한다. 진秦나라 이전의 여러 학파 가운데 유가, 법가, 명가, 법가, 도가, 음양가, 종횡가, 농가, 소설가 중에서 신을 언급한 학파는 없었다. 잡가 중에서는 신을 이야기하거나 귀신을 언급하는 사람이 일부 있었지만, 일반적으로 그들은 중요한 학파로 간주되지 않는다. 예를 들어《한서漢書·예문지藝文誌》는 단 한 부분만을 다루고 있다.

음양 이원론은 중국 고전철학의 탁월한 방법론方法論과 본체론本體論(존재론)으로, 여기서 본체론(존재론)과 방법론은 하나로 합쳐져 있다. 이러한 변증법적 방법론의 깊은 토대 덕분에 우리는 약 2400여 년 전 자사子思가 내세운 "천인합일天人合一"이라는 철학적 명제가 우연히 이루어진 것이 아님을 이해하게 된다. 약 100년 후 장자는《달생達生》에서 "이천합천以天合天"의 개념을 제시했다. 우주의 실존적 경계가 무한히 크고 무한히 작을 수 있다면, "인간"은 그 자체로 너무나 작은 우주이다. 이 작은 우주는 "하늘의 문天門"너머에 도달함으로써 무한에 도달하기 위해 우주의 무한히 먼 경계에 도달한다. 따라서 장자는 하늘과 인간 사이에 다리를 건설하여 하늘과 인간이 상호 포용적인 상태로 존재하는 것을 가능하게 했다. 천문天門은 정의할 수 없는 도道에 이르는 길로, 칼 야스퍼스Karl Jaspers 기축시대Axial Age의 가장 중요한 명제 중 하나라고도 할 수 있다. 이 모든 것이 충분하지 않다는 듯 약 1200년 후 북송北宋의 정이程頤와 정호程顥는 "하늘과 인간은 처음부터 분리된 두 개의 실체가 아니므로 그들 사이의 통일을 말할 필요가 없다."라고 주장했다. 정씨 형제는 "천인합일"이라는 개념에서 벗어나 "언합言合"이라는 개념이 하늘과 인간이 별개의 존재라는 것을 전제로 한다고 믿었다. 만약 그것들이 실제로 같은 것이라면 통합은 필요하지 않다. 그러므로 예술가와 시인 모두 천지의 정신을 작품 속에서 통일시켜야 한다. 왜냐하면 천지신명이든 인간이든 영적이든 물질적이든 모든 것은 본질적으로 하나이고 동일하기 때문이다. 근대의 화조화가에서 장자의 "이천합천"의 정신을 실현한 사람은 유일하게 이고선李苦禪뿐이다. 내가 젊었을 때 이고선 선생에게 배웠는데, 이고선 선생은 "이천합천"이라는 개념을 구체적으로 언급했던 것으로 기억한다. 하지만 우리 중 그 당시 누구도 그 깊은 의미를 이해하지 못했다. 이고선 선생의 대화는 종종 머리만 나타나고 꼬리는 보이지 않는 용처럼 막상 거론하자마자 금방 다른 얘기를 꺼내곤 했다. 이고선 선생의 미묘하고 초연한 화풍은 최근 "자유화파"의 화가들 사이에서 타의 추종을 불허한다.

　장자가 《달생達生》에서 전하는 재경梓慶의 이야기는 "이천합천以天合天"의 개념을 가장 완벽하고 생생하게 묘사한다. "거鐻"는 전국 시대의 협종夾鍾으로, "협夾"은 단층이 아니라 복층을 의미한다. 복층이면 그 소리가 서로 울려 퍼지고, 나무로 만든 것도 있고 청동으로 주조한 것도 있다. 목종은 목탁으로 치는데, 그 원리는 후대 승려들이 사용한 목어와 비슷하다. 뛰어난 장인이었던 재경은 신의 영감으로 여겨질 정도로 아름다운 음색을 낼 수 있는 거鐻를 만들었다. 이 발명품에 크게 놀란 노공은 그의 도술에 대해 물었다. 재경이 노나라 제공에게 한 말은 시사하는 바가 크다. 왜냐하면 그가 하늘의 문을 통해 위대한 도를 향해 나아간 영적인 여정을 설명했기 때문이다. "저는 한낱 목수에 불과한데 무슨 특별한 도술이 있겠습니까? 그렇지만 한 가지 원리는 있습니다. 거鐻를 만들려 할 때는 절대 기운을 소모하지 않고 반드시 재계를 함으로써 마음을 고요히 만듭니다. 사흘 동안 재계를 하면 상이나 벼슬 따위의 욕심이 사라지고, 닷새 동안 재계하면 명예에 대한 비난이나 찬사, 일에 대한 성패 따위의 사념이 사라지고, 이레 동안 재계를 하면 제가 지닌 손발과 육체까지도 잊게 됩니다. 이렇게 되면 공사나 나라의 조정도 안중에 없고 오로지 조각에만 전념할 뿐 외부의 혼란 같은 것은 사라져 버립니다. 그리고는 산으로 들어가 재목의 성질을 살피고, 모양도 완전한 것을 찾아냅니다. 그리고는 완전한 북틀을 마음속에 떠올린 뒤에야 손을 대는 것입니다. 그렇지 않으면 그만둡니다. 곧 저의 천성과 나무의 천성을 합치시키는 것입니다. 제가 만든 기구가 신기에 가까운 이유는 이 때문입니다." 위 구절의 요지는 다음과 같이 요약할 수 있다. 첫째, 진정한 예술 작품은 예술가가 개인적인 이익과 손실의 영역을 넘어섰을 때에만 얻을 수 있다. 어떤 사람이 붓을 들 때마다 그림에 대한 가격이나 대가만을 고려한다면, 그의 마음은 흐려지고 그의 시야는 더러움과 불순물로 탁해질 것이다. 그가 어떻게 맑고 깨끗한 그림을 그릴 수 있겠는가? 예술적 순수성이 손상되었기 때문에 그의 그림은 아름다움이 결여되고 오염으로 가득 차 그의 붓에서 흘러나오는 것은 단 한 획도 자연스럽고 자유롭지 못할 것이다. 둘째, 진정한 예술가는 내면의 평화에 대한 정신적 이해를 길러야 하는데, "고요精"의 상태와 "성실誠"한 마음가짐은 이 경지에 도달하는 전제 조건이다. 셋째, 예술가가 자연에 온전히 자신을 맡길 수 있을 때, 몸과 마음, 기술과 원리가 하나가 되고, 물리적인 장비와 정신적인 도가 "하나"가 되는 것이다. 이때 비로소 "이천합천"의 경지에 이르며, "나는 완전한 거鐻를 마음속에 그릴 수 있고, 이때야 비로소 그 일에 손을 댄다." 그 순간 붓이 종이에 닿기도 전에 이미 활력이 넘친다. 그러면 예술가는 그려질 물체를 시각화할 수 있고, 그러고 나서 종이에 그리는 작업을 시작할 수 있다. 반대로 시중의 목수는 일을 마칠 때까지 자신이 무엇을 조각하고 있는지 모른다. 느릅나무줄기처럼 무감각한 상태에서 자신의 일에 접근하면 다른 사람은커녕 자기 자신조차 움직일 수 없다.

"취기醉意"란 무엇인가? 그것은 몸과 마음이 자연과 하나가 되어 녹아들었다는 뜻이다. 근대 화단의 천재 화가였던 포석抱石선생은 "종종 취한 후에往往醉後"라는 네 글자로 흔히 예술가와 자연이 혼연일치가 되는 경지를 표현했다. 당나라 시인 부재符載는 《관장원외화송석서觀張員外畵松石序》에서 장조張璪가 그림을 그리는 모습을 생생하게 묘사했다. "네 가지 아름다운 요소四美具(〈좋은 날良辰〉, 〈아름다운 풍경美景〉, 〈내면의 행복賞心〉, 〈즐거운 일樂事〉)"와 "동시에 거의 모습을 드러내지 않는 두 가지 회사二難幷(현명한 주인과 훌륭한 손님이 함께 있기 어려운 법인데 때마침 같이 어울림)"의 분위기에 몰입한 화가를 묘사하고 있는데 장면이 특히 생생하고 흥미롭다. 다음 한 편의 발췌문을 인용하고자 한다.

　　형주荊州의 고문이자 감찰어사인 진례陳澧는 … (중략) … 그의 저택의 웅장한 뜰에서 성대한 연회를 베풀었다. 화려한 누각은 고요하고, 음식은 정갈했다. 정원 대나무는 맑은 기운을 뿜어내고, 상쾌하고 사랑스러웠다. 진례는 천부적인 생각을 가지고 있었는데, 갑자기 무엇인가에 이르렀는지, 먹물과 붓을 청하여 기이한 모습을 그리기를 원했다. 주인은 옷자락을 휘날리며, 탄식하며 화답했다. 그때 자리에 있는 손님과 명사들이 모두 그 옆에 서서 주목하며 관람했다. 진례는 가운데 앉아, 두 다리를 벌리고, 기운을 모았다. 그가 그림을 그리기 시작했을 때 그 광경은 번개가 치고 돌풍이 하늘로 휘몰아치는 것처럼 그저 놀라울 따름이었다. 한동안 붓이 날아다니고, 먹물이 뿜어져 나왔다. 손바닥을 비벼 찢는 것 같았다. 흩어졌다 모였다가 갑자기 이상한 형상이 나타났다. 그 형상이 완성되었을 때 그것은 소나무의 비늘과 같은 주름, 뾰족한 바위, 맑은 물, 몽환적인 구름이었다. 진례는 붓을 던지고 일어나 주위를 둘러보았다. 마치 폭풍우가 지나간 후의 맑은 하늘처럼, 그는 만물의 본성을 드러냈다. 진례의 예술은 그림이 아니다. 그것은 진정한 도이다. 진례가 그림을 그릴 때 그는 이미 기교를 버리고, 마음은 신비로운 변화에 잠겼다. 그리고 대상은 그의 영혼에 존재했고, 그의 눈과 귀에 존재하지 않았다. 따라서 예술가가 그의 마음속으로 개념이 형성되면 마치 신성한 힘에 의해 영감을 받는 것처럼 생명력이 자연스럽게 흐르는 매우 독특한 작품을 만들 수 있다. 예술가가 편협하게 득실을 고민하고 제한적이고 얄팍한 이해로 아름다움과 추함을 판단한다면 안절부절못하고 끝없이 주저할 것이다. 이는 그림에 관한 한 전혀 쓸모없는 태도임으로 단호하게 버려야 한다!

도입부부터 "상쾌하고 사랑스러웠다."라는 구절까지가 배경인 반면, 거기서부터 "모두 주목하며 관람했다."로 끝나는 대목은 그 감성을 말해 준다. 거기서부터 "몽환적인 구름"까지 이어지는 구절은 장조가 술에 취한 후 이해득실을 잊은 채 붓을 능숙하게 다루는 장면을 묘사하고 있는데, 모든 면에서 완벽하고 합당하며 과하지 않다. 이어서 "대상은 그의 영혼에 존재했고, 그의 눈과 귀에 존재하지 않았다."라는 문장에서 우리는 세상에서 가장 뛰어난 업적조차도 장 씨가 성취한 것을 넘어설 수 없다는 것을 알게 된다. 요약하자면 이 대목은 짧지만 심오한 중국 문인화의 정수를 잘 설명해 주고 있다.

물론 회화의 기능에는 조식曹植이 《화찬서畫贊序》에서 말한 것처럼 사회 도덕적 윤리적 측면이 있다. 하지만 중국 회화는 예술가가 자기만족을 위해 즉흥적으로 창작할 수 있는 자유를 더 중요한 기능으로 삼고 있다. 중국 문인들이 사상의 자유와 자유 의지에 큰 의미를 두고 있기 때문에, 그들은 서로 교류할 때 "마음속에서 가져와 한 방 안에서 이야기를 나누고, 뜻을 담아 형체를 벗어난 곳에서 방랑한다." 화가가 남들이 아닌 자기 자신을 위해 그림을 그리는 것을 목표로 하지만 뛰어난 화가의 작품은 완전히 객관적이고 자연스러우며 보는 이들과 심미적 교감을 이룰 수 있다. 그래서 장조가 그림을 그리고 있을 때 관중들은 큰 소리로 기꺼이 호응했던 것이다. 공자에 따르면, "시는 강한 정서를 불러일으킬 수 있고, 세상을 관찰할 수 있는 유리한 지점을 제공하고, 소통의 통로를 열어주며, 사회적 불의를 토로할 수 있다." 그림도 이와 비슷하다. 대자연은 말 없는 가르침이지만, 그림은 말을 한다. 그러나 그 말은 설교가 아니라 감화다. 그것은 창작자와 감상자 사이의 거의 간격이 없는 만남이다. 도연명陶淵明이 시를 읊을 때도 그렇고, 장조張璪가 그림을 그릴 때도 그런 경우였다.

중국철학의 본질은 육체와 영혼의 피상적인 통합이 아니라 진정한 영혼의 통합이다. 왜 취한 사람이 마차에서 떨어져도 오히려 온전하게 몸을 보전할 수 있는가? 장자의 설명에 따르면, "그는 정신적 안정을 유지할 수 있었다. 술에 취해 마차를 타고 있는 줄도 모르고, 술에 취한 것도 몰랐기 때문에 추락으로 인한 죽음의 공포와 트라우마를 면했다." 다시 말하면 혼란스러운 상태에서 비탈길을 미끄러져 내려가면 그 과정은 순수하고 자연스럽다. 그러나 경계심을 갖고 위험한 상황을 의식하면 공황 상태에서 충동적으로 반응해 심각한 결과를 초래할 수 있다. 앞서 말한 "취기"는 실제 취함이나 그것이 만들어내는 기교가 아니라 가식, 편견, 인위가 없이 우주의 원리에 부합하는 자연 상태를 말한다. 이백李白이 복숭아, 자두꽃 만발한 봄날 밤 도리원에서 연회를 열며 쓴 시《춘야연도리원서春夜宴桃李園序》의 서문에서 "시를 짓지 못하면 벌주 세잔을 마셔야 한다."라는 말에서 알 수 있듯이 옛 사람들도 술을 빌려 영감을 얻는 경우가 많았다. 하지만 만약 누군가가 정말로 취했다면, 그는 어떤 시도 지을 수 없을 것이다. 20여 년 전 우연히 금릉金陵을 지날 때 나는 종종 포석抱石선생 댁을 들렀다. 한 번은 포석선생의 아내인 나시혜羅時慧씨가 내게 이런 이야기를 들려주었다.

선생은 그림을 그리기 전에 술을 즐겨 마셨다. 술을 맛보고 기분이 좋아지면 잔을 거듭하며 마셨고, 흥이 절정에 달하면 술병을 들고 마셨다. 그러고는 큰 소리로 붓과 먹을 가져오라고 소리치며 옷깃을 여미고 일어나 붓을 휘두르며 그림을 그렸다. 그러면서 "걸작이다, 걸작이다!"라고 중얼거렸다. 그림 그리기가 끝나면 술에 취해 잠이 들었고, 코고는 소리가 천둥소리와 같았다. 다음 날 아침 잠에서 깨어난 선생은 나에게 어젯밤에 그림을 그린 것 같다며 그림을 보여달라고 했다. 내가 그림을 가져오자 선생은 크게 웃으며 진짜 술에 취해 그린 그림이라고 말했다.

보다시피 포석 선생의 "종종 취한 후에往往醉後"라는 것은 실제 취한 것이 아니라 마음의 취중을 말하는 것이다. 고대에는 술을 몇 잔 마신 후에 대중 앞에서 기행을 부린 사람도 있었다. 회소懷素는 "갑자기 세 번 다섯 번 큰 소리를 지르며 벽 가득히 천만 자를 종횡무진하였다."라는 설은 그의 진솔한 성격과 사람들을 즐겁게 하는 의도가 함께 있었던 것이다. 물론 시인이 술에 취해 흥겨운 노래를 부르는 경우도 있지만, 이백이 술 한 통을 마시고 시 삼백 편을 지었다는 것은 당시 사람들의 과장된 상상일 뿐이다. 그의 시《몽유천모음유별夢遊天姥吟留別》에 대한 나의 분석은 "한 말에 만 냥 술로 무한적 흥취를 만끽"하면서 빚어진 야성적 포기나 비합리적 산물이 아니라 단어 하나하나에 세심한 주의를 기울인 걸작이라고 생각한다.

장조화 초상蔣兆和像

간단한 획으로 그린 노자簡笔老子

제5장

골법용필骨法用筆

사혁謝赫은 《고화품록古畵品錄》에서 인간의 뼈대처럼 그림의 구조적 요소를 설정하는데 어떻게 붓을 사용하는가에 관한 문제로 "골법용필骨法用筆"을 언급한 바 있다. 그림을 걸어놓고 가까이서 보면 종이에 필치가 힘 있게 보이는 그림이 있다. 하지만 멀리서 보면 그림 속의 물체가 너무 흐릿해져 마치 무너진 것처럼 보인다. 그 이유는 다름 아닌 그 획에 뼈대가 없고 활력이 없기 때문이다.

　우주의 대기가 없으면 사물은 생존할 수 없다. 우주의 생명 에너지의 순환이 없으면 사물은 반드시 죽는다. 골격의 획이 없다면 중국화도 같은 운명을 맞게 될 것이다. 만약 그림 속의 생명력이 차단되어 순환할 수 없다면 획은 충분히 표현되지 않을 수 있고, 느린 속도를 유발하고 힘을 약화시켜 그림의 목소리를 침묵시킬 것이다. 그림이 지루해지고 상상력이 억눌려도 엉뚱한 기대를 품고 무책임한 발언을 하고 속임수에 매달리는 "꼼수"들도 있다. 이 화가들은 자신들이 형언할 수 없는 심오함의 영역에 도달했다고 믿으며 자만심을 느끼지만, 사실 그들은 거리를 배회하는 것 말고는 아무짝에도 쓸모없는 얼간이들과 같다.

장언원張彦遠은 《역대명화기歷代名畫記》에서 "골법용필"의 원칙을 다음과 같이 설명하고 있다. "그림을 그릴 사물에 대응하여 그 보인 형태대로 묘사하여야 하며, 그 유사성을 포착하려고 노력하면서 골기骨氣를 보존해야 한다. 골기와 사물의 유사성은 모두 개념화에서 비롯되지만 붓의 용법을 통해 구현된다." 여기에서 내가 얻은 가장 중요한 시사점은 용필의 기본 원칙은 멀리 있는 것을 목표로 하지만 항상 근접성에 초점을 맞추는 것이다. 아래에서 더 자세히 설명하고자 한다.

　　우선, "대상을 표현하려면 반드시 그 형상을 그려야 한다."라는 문장이 함축하듯 모든 그림은 내가 모방할 수 있는 형상을 무제한으로 제공하는 자연에 부합해야 하며, 그 형상을 그대로 모사하는 것이 그 첫 번째 단계이다. 오대五代의 조창趙昌을 "사생 조창寫生趙昌"이라고 크게 비하한 한 화가가 있었다. 사생寫生은 어리석은 자만이 그린다고 생각했기 때문이다. 사실 화가는 자신을 과대평가하지 말아야 하고, 스스로를 천재라고 생각하여 붓을 처음 잡는 순간부터 허공을 날아다니며 마음대로 그림을 그릴 수 있다고 생각하는 것은 잘못이다. 분명 진정한 천재들은 필연적으로 천체를 향해 날아오를 수밖에 없겠지만, "참혹한 고통과 괴로움"의 국면을 겪지 않은 뛰어난 화가는 한 명도 없었다. 젊었을 때 나는 개규천蓋叫天 선생의 무생 기본기를 들은 적이 있다. 피눈물을 흘리는 극심한 고난은 지옥의 고통에 필적할 것이다. 한 번은 개蓋 선생이 훈련 중에 복숭아뼈가 부러졌는데, 돌팔이 의사가 뼈를 잘못 맞추자 개蓋 선생은 다시 주먹으로 부러뜨리고 "다시 하라."라고 말했다. 하지만 의사는 그의 행동에 너무 놀란 나머지 이미 기절해 버렸다. 자칭 천재들은 이 이야기를 듣는 자신을 부끄러워해야 한다. 개규천 선생이 경극에서 가장 유명한 무생이었을 때, 그 당시 우리들은 젊고 기개가 넘쳐 하늘이 얼마나 높고 땅이 얼마나 깊은지 알지 못했다. 오직 개규천蓋叫天 선생이 무대에서 허리를 펴고 손을 움직이는 모습을 보았을 뿐이다. 그것은 마치 물고기가 구불구불 헤엄치는 것 같고, 마치 문양 연기가 맴도는 것 같았다. 그는 공중에서 몸을 뒤집고, 땅에서 철 못을 박았다. 우리는 감탄하며 환호할 수밖에 없었다. 이러한 상황은 백 년이 지나도 다시 보기 어려운 광경이다. 개규천 선생은 공부하면서 배우고, 고통을 통해 알아가는 사람이었다. 성인의 지혜를 가진 공자조차 "고통을 통해 배운다"라고 말했는데, 우리 평범한 사람들이 어디 자랑할 것이 있겠는가?

나는 한때 서유럽을 방문하는 젊은 화가들을 본 적이 있다. 십여 명의 단원 중 "골법용필"의 화법을 연마 한 흔적은 아무도 없었지만 모두 자신이 풍경의 고수라고 여기고 있었다. 그들의 기법은 붓과 먹의 사용과는 거의 관계가 없었다. 그들 중 몇몇은 백반과 먹물을 섞은 사람도 있고, 먹물에 소금을 넣은 사람도 있고, 색과 먹을 책상 위에 붓고 그 위에 종이 한 장을 올려서 탁본을 내는 사람도 있고, 알려지지 않은 기법으로 그림을 그린 사람도 있었다. 요약하자면 그들은 붓이나 먹에 대한 소질이 없었기 때문에 어쩔 수 없이 대안을 모색했지만, 그들의 시도는 마치 도술사의 부적과 별반 다를 바 없었다.

그림을 잘 그리는 비결은 붓과 먹 너머에 있다. 이 말은 사실 좋은 화가가 되기 위해서는 지식을 습득하고 책을 더 많이 읽으며 도덕성을 길러야 한다는 의미이다. 그것은 입담과 환심을 사려는 태도가 아니다. 말주변이 좋은 사람은 속임수일 가능성이 높으며, 환심을 사는 사람은 악의를 품기 쉽다. 인仁이 결여된 사람은 아무리 열심히 자신의 기량을 발휘해도 그가 배우는 것은 부수적이고 진정한 예술이 아니다.

공자는 "도道에 몸을 바치고, 덕德에 기반을 두고, 인仁에 의지하고, 기예를 즐겨라."라고 했는데, 좋은 성품을 기르고 유지하지 않으면 예술에 대한 진정한 이해를 결코 얻을 수 없다. "나는 이미 내면의 자질을 타고 났지만, 그것을 더욱 닦아야 한다."라는 굴원屈原의 구절은 '기량'을 연마하는 것보다 내적 자질의 미가 우위에 있음을 지적하고 있다. 내면의 자질과 기량을 모두 갖추어야 예술의 전당에 입성할 수 있다.

앞서 언급했듯이 장언원은 "개념화立意"를 회화의 근본으로 삼았다. "개념화"는 전제가 아니라 우주의 모든 것에 대한 반영이다. 우주의 만유가 눈앞에 펼쳐지고, 가슴은 점점 넓어지며, 유사성과 공감을 통해 점점 깨달음을 얻고, 의도도 그에 따라 형성된다. 그러므로 "개념意"은 근원이 없는 수역이나 뿌리가 없는 나무가 아니라 왕국유王國維가 경계설境界說에서 "진정한 감정眞憾情"이라고 불렀던 삶의 경험과 이해의 수렴이다. "진정한 감정"을 가진 사람에게 필요한 것은 경계를 이끌어오는 "진정한 견해"이다. 만약 오랜 시간 붓과 먹을 연마하여 망설임 없이 자유자재로 붓을 휘두를 수 있다면, 장자가 "물고기를 잡으면 그물을 잊는다.", "토끼를 잡으면 토끼 망을 잊는다.", "개념을 갖게 되면 그 개념이 이루는 언어를 잊어버릴 수 있다."라는 말이 근거 없는 주장이 아님을 알 수 있다. 이 순간 붓과 먹은 우주의 생명력과 매력, 만물의 발산하는 활력, 그리고 화가의 진실한 감정과 함께 역경이 말하는 이른바 "귀장歸藏"으로 수렴된다. "귀歸"라는 단어는 무한한 범위에서 수렴하여 무한한 용도를 생성한다는 의미이다.

나는 한때 회화 이론에 대해 여덟 자로 된 좌우명을 가진 적이 있다. "시를 혼으로 삼고, 서예를 골격으로 삼는다.以詩爲魂, 以書爲骨." 골격이 서 있으면 혼이 있고, 혼이 사라지면 골격이 흩어진다. "혼魂"과 "골격骨"은 조금이라도 떨어져서는 안 된다. 서예와 회화는 같은 근원인 자연自然인 도道에서 비롯되며, 시적 상상력과 힘 있는 서예는 쌍둥이처럼 같은 근원에서 비롯된다. 근대 최고의 산수화가인 나의 스승 이가염李可染은 붓놀림 기술이 떨어지면 그림의 영혼을 잃는다고 말한 적이 있는데, 진정으로 통찰력 있는 말이라고 생각한다. 뼈대가 곧게 섰을 때 영혼이 무기력해지거나 영혼이 빛날 때 뼈대가 무너지는 경우는 한 번도 없었다. 뼈대가 곧게 설 때 영혼은 활기가 넘치고, 영혼이 활기가 넘치면 뼈대가 단단한 것은 필연적인 사실이다. 한의학에서 뼈의 골수는 생명력의 원천이라 여겨진다. 중국 회화에서도 같은 원리가 적용될 수 있다.

이러한 이유로 중국 서예의 필치에 담긴 아름다움은 우주의 무한한 아름다움을 반영한다. 맹자孟子에 따르면, "완전한 성취는 아름다움이고, 완전히 성취하여 빛나는 것은 위대함이고, 설득으로 감화된 위대함은 지혜로움이고, 궁극적인 심오함으로 상승된 총명함은 신령스러움이다." 여기서 말하는 궁극적인 심오함은 우주의 무한함, 즉 신의 존재를 위한 토대를 말한다. 물론 여기서 "신성한"이라는 말은 고트프리트 빌헬름 라이프니츠Gottfried Wilhelm Leibniz가 다음과 같이 증명하려고 노력한 실체를 가리키지는 않는다. "사물의 궁극적인 이유는 반드시 필요한 물질에 있어야 하며, 그 물질에서 변화의 구별은 그 근원에서만 두드러지게 존재하며, 이것이 우리가 신이라고 부르는 것이다." 동양인들은 신의 존재를 증명하려고 노력한 적이 없다. 그것은 무한의 상징일 뿐이다. 마찬가지로 유有와 무無는 서로 자라게 하고, 유와 무는 같이 나왔지만 다른 이름을 가진다는 노자의 이론도 맹자의 이론과 일치한다. 남송南宋, 제齊나라의 왕승건王僧虔(419~503)은 《서부書賦》에서 "마음의 공허함 속에서 존재를 찾고, 상상의 자유 속에서 이상을 찾는다."라고 썼는데, 이는 명백히 육기陸機(261~303) 《문부文賦》의 "공허를 통해 존재를 찾고, 침묵을 통해 소리를 탐색한다."를 각색한 것이다. 왜 냐하면 시의 언어는 무형의 예술인 반면 서예는 필획의 시각적인 예술이기 때문에 우리는 왕 씨의 각색을 양해할 수 있다. 전반적으로 그들은 유형이든 무형이든 예술은 고독하고 공허한 공간에서 표현되며 자연에 어울리는 실존 적 조건이라는 동일한 생각을 공유한다. 이러한 이해를 바탕으로 서예가와 화가들은 그들이 작업 중인 대상에서 자신을 풀어내고 점차 하늘의 기운이 모여 순환하는 현명하고 신성한 영역으로 올라갈 수 있게 된다. 이 시점에서 우리는 공자와 맹자, 노자와 장자라는 뜻밖의 합류를 볼 수 있다.

서예의 원리는《서도법자연書道法自然》에서 이미 위의 주제에 대해 자세 히 논했기 때문에(본문 제11장 "서화동원書畵同源" 참조) 나머지는 생략하 도록 하겠다.

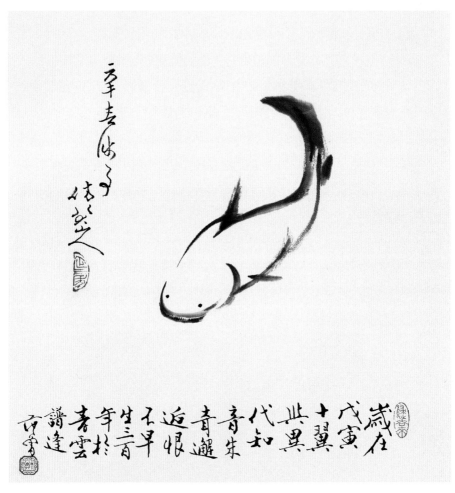

팔대산인의 화풍을 본받음仿八大山人

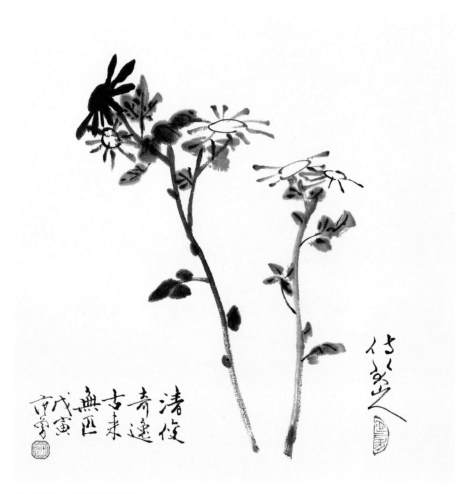

清俊 奇逸 古來 無匹 戊寅 仲冬

팔대산인의 화풍을 본받음仿八大山人

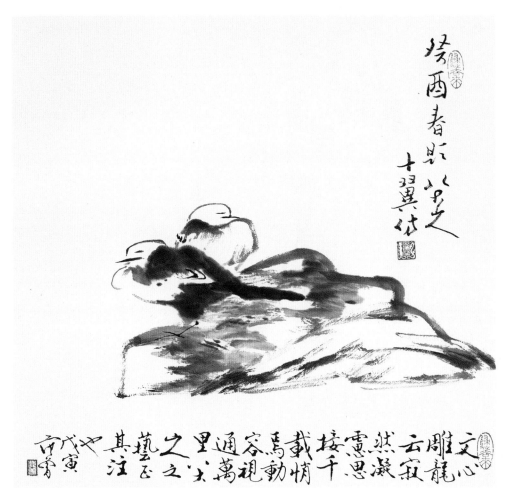

팔대산인의 화풍을 본받음仿八大山人

팔대산인의 화풍을 본받음仿八大山人

제6장

화가의 개성 비평

畵格月旦

필자가 "그림의 풍격畵品"보다는 "화가의 개성畵格"이라는 표현을 택한 이유는 전자보다 후자를 더 선호하기 때문이 아니다. "화품畵品"은 작품 자체를 강조하는 반면 "화격畵格"은 화가에 초점을 맞춘다는 점에서 의미는 비슷하지만 약간의 차이가 있다. 그림이 어떻게 그려지는지는 화가의 개성에 따라 결정되기 때문에 나는 고대 관습에서 탈피한 화가의 취향에 좀 더 초점을 맞출 것이다. 문협文勰은 《문심조룡·체성 제27장文心雕龍·体性第二十七》에서 "최종 분류로 나누면 8가지 영역이 있다. 첫째는 우아함, 둘째는 심오함, 셋째는 간결함, 넷째는 명확함, 다섯째는 풍부함, 여섯째는 웅장함, 일곱째는 참신함, 여덟째는 시류적인 가벼움"이라고 쓰고 있다. 다양한 글쓰기 스타일에 대한 이러한 분석은 간결하고 진지하며 요점이 있다. 하지만 만약 우리가 같은 기준을 그림에 적용한다면, 그것들은 아마도 부적절할 것이다. 게다가 우리가 화가들의 내면의 자질을 묘사하기 위해 같은 것을 사용한다면 더 많은 간극과 실수가 있을 것이다.

수천 년의 중국 회화를 살펴보면 앙소문화仰韶文化의 채색 도자기, 하모도문화河姆渡文化의 도기 항아리 시대부터 현재까지의 중국 회화를 7개의 큰 범주로 나누어 볼 수 있는데, 여기에는 모든 화가가 예외 없이 속하게 된다.

첫 번째 유형: 순수한 화가

자연스럽고, 진실하고, 성실하고, 우아하고, 순진하고, 소박함(천사와 같이 순수함을 가진 화가들)

두 번째 유형: 지혜로운 화가

간결하고, 개방적이며, 소소하고, 우아하고, 신선하고, 틀에 얽매이지 않음(타고난 성향이 그러함)

셋째, 인내심을 가진 화가

화려하고, 정교하며, 편협하고, 진부하고, 관습적이며, 느리고, 지루함(열정과 끈기를 가지고 끊임없이 노력하는 화가)

네 번째 유형: 우둔한 화가

망설이고 어리석으며, 고집스럽고 무신경하고, 몽매하고 광적으로 행동함(재능이나 능력이 부족하거나, 노력을 기울이지 않는 화가지만 악의는 없음)

다섯 번째 유형: 교활하고 궤변적인 화가

황당하고 교활하며, 차갑고 왜곡하며, 인위적이고 가식적임(자신의 이익을 추구하거나, 다른 사람을 속이는 화가로 주의해야 할 대상)

여섯 번째 유형: 고통 받는 화가

불안하고 무감각하며, 궁핍하고 우울하며, 봉쇄되고 메마름(대부분 순종적인 사람들)

일곱 번째 유형: 사기꾼 화가

음험하고 위험하며, 끈적끈적하고, 악독하고, 추악하고, 허세 부림(절대 가까이하지 않도록 주의해야 함)

위에서 언급한 일곱 가지 유형은 다음과 같이 해석될 수 있다. 1, 2번 유형은 우주의 생명력과 상호 교감하며 그림을 그리는 화가를 의미한다. 이들은 타고난 재능과 순수한 마음으로 자연스럽고 아름다운 그림을 창작한다. 3, 4, 6번 유형은 그림에 대한 열정은 있지만, 다양한 어려움으로 인해 고통받는 화가를 의미한다. 이들은 끊임없는 노력과 긍정적인 마음가짐을 통해 어려움을 극복하고 발전해야 한다. 5, 7번 유형은 그림을 통해 자신의 이익을 추구하거나 다른 사람을 해치는 화가를 의미한다. 이들은 그림을 악한 목적으로 사용하며, 주의해야 할 대상이다.

이러한 해석은 다소 추상적이지만 그림을 감상하는 데 도움이 될 수 있다. 마치 불꽃을 바라보는 것처럼 그림 속에는 화가의 성향과 특징이 뚜렷하게 드러나 있다. 화가가 얼마나 순수하고 진실한 마음으로 그림을 그렸는지, 그림을 통해 파악할 수 있다.

내가 일곱 유형의 화가들을 각각 묘사할 때 사용한 여섯 가지 용어들은 모두 서로 연결되어 있기 때문에 따로 봐서는 안 된다. 예를 들어 두 번째 범주에 속하는 현자는 외적인 사물에 얽매이지 않고 피상적인 것에 사로잡히지 않을 것이다. 그들은 말투가 시원시원하고 직설적이어서 우아하고 활기찬 인상을 준다. 그들은 또한 통찰력 있는 역사적 비전과 웅장하고 차분한 전망으로 세계에 대한 깊은 이해를 가지고 있다. 세 번째 범주의 경우, 인내하는 사람들은 편협하고 근시안적인 경향이 있다. 그들의 행동은 게으르고 그들의 정신은 움츠러든다. 그들이 그림을 그릴 때 그들의 붓은 생명력 없이 앞으로 움직이기 때문에 결정적으로 뒤처지고 정체되는 필치를 초래한다. 열흘에 산 풍경을 그리거나 닷새 만에 강 풍경을 그리는 것은 그리 중국화로서 어울리지 않는다. 한 때 그림을 학자의 잔상이라고 생각했던 고대 문인이 있었다. 근면함이 부족하여 그는 나태한 문인이 되었다. 그의 나태함은 거

鐻를 만들기 위해 나무를 베기 전에 7일 동안 재계齋戒를 했던 재경梓慶의 행동과 동일시해서는 안 된다. 나태하기는커녕 재경은 자기 계발을 위해 재계를 했으며, 이를 통해 인간의 독창성과 자연이 결합된 명목수가 될 수 있었다. 상상력이 부족한 화가들은 자신의 작품을 개념화하기도 전에 빠르게 그림을 그리고 그 과정을 인내하기 시작하는데, 이는 일부 섬나라 화가들에게서 흔히 볼 수 있는 모습이지만 선도국가 화가들로부터 멸시를 받는 경향이 있다.

최근 일부에서는 "선생이 언급한 다섯 번째 조언은 어느 정도 받아들일 수 있지만, 일곱 번째 조언은 예술과 별 관련이 없는 듯하여 형법이나 법률의 범주에 둬야 하지 않겠느냐!"라는 호기심 어린 질문도 나왔다. 나는 웃으며 극단적인 경우를 말하는 것이기 때문에 별로 현명한 질문이 아니라고 답했다. 사람들은 모두 선과 악의 양면을 지니고 있으며, 사마천司馬遷이 말한 것처럼, 덕행을 옹호하고 악행을 정죄하는 것은 도덕적으로 청렴한 모든 사람들의 의무이다. "자기 수양은 지혜의 근원이며, 남을 돕는 것은 자애의 시작이고, 마땅히 주고받는 것은 도의 표시이며, 수치심은 용기의 표시이고, 명망은 곧 행실의 궁극적인 목표다." 불행히도 모든 예술가가 정의롭고 성실한 군자는 아니다. 이미 소인이라는 것이 밝혀졌으며, 그들이 악한 성향을 갖고 있음에도 불구하고 그것을 가볍게 여기는 경우가 있다. 이러한 사람들이 예술 작품을 만든다면 그 작품 속에 그들의 본성이 드러날 수밖에 없다. 베이징에 귀신과 요괴를 그리는 사람이 있었다. 그 그림은 잔혹하고 기괴하며 보는 사람을 공포에 몰아넣었다. 그리고 그 그림을 그린 사람은 결국 투신자살했다. 이는 다름 아닌 인간의 본성이 잔인하고 마음이 극도로 어두운 탓이다. 만약 이 사람이 그림을 그리지 못하고, 칼과 도끼를 사용하여 그 광기를 발산했다면 그 결과는 상상할 수 없을 것이다.

초상화를 실제처럼 생생하게 그리는 또 한 사람의 화가가 있었다. 불행히도 그의 초상화는 캐리커처가 아닌 실물 스케치라서 항상 보는 이를 화나게 했다. 초상화에서 어떤 사람은 더러운 악당처럼 보이고, 어떤 사람은 악랄한 도살자나 위험한 공모자로 보이지만, 이러한 특성들은 반드시 초상화에 나오는 사람이 가진 것이 아니라 오히려 작가가 자신의 성격과 감정을 그림에 담아내는 것이다. 모든 사람을 화나게 만드는 초상화를 그리는 것은 쉬운 일이 아니다. 악의는 없었지만 마치 "그녀의 교묘한 미소의 아름다운 보조개"가 스며들듯, 왠지 모르게 악의가 스며들어 있었고, 그것은 화가의 잠재의식인 무의식에 원인이 있는 것 같다. 이것은 지그문트 프로이트에게 답을 구해야 할 것이다. 왜냐하면 양쯔강 동쪽에서 온 나는 그것에 대해 아무 것도 모르기 때문이다.

팔대산인의 화풍을 본받음仿八大山人

제7장

방해받지 않는 마음

心無挂碍

위의 논의에서 중국 회화에 대한 경외심을 형성할 수 있었을 것이다. 사실 중국 회화와 중국 시는 겉모습만 닮은 게 아니라 정신까지 닮은 쌍둥이 자매다. 그것은 온화하고 선량하고 공손하며 검소하고 양보하는 것을 본성으로 삼고 온유하고 두터운 마음씨를 지키는 것을 중요하게 여긴다. 그것들은 농경 사회에서 생겨났으며 천지와 조화를 이루며 살아왔다. 역대의 뛰어난 학자들이 그것을 연구하고 이해하여 중국 문화의 한 축이 되는 넓고 아름다운 산이 되었다. 그 산에는 향기로운 풀이 우거지고 큰 나무가 하늘을 찌른다. 그것은 중화 민족이 지닌 탁월하고 빼어나고 웅장하고 고상한 품성을 상징한다.

중국 화가의 자신감은 천지의 정신에서 비롯된다. 천지 정신은 앞 장에서 정의한 바와 같이 그것은 언제나 자유롭고 자연스럽게 존재하는 위대한 존재, 태어나지도 죽지도 않는, 깨끗하지도 더럽지도 않은, 늘리거나 줄일 필요도 없는 완벽한 존재를 의미한다. 칸트가 같은 맥락에서, "자아에 관한한 아무 일도 일어나지 않는다."라고 말한 적이 있는데, 송나라 성리학자들은 이렇게 표현했다. "도에는 변화가 없듯이 우주는 그대로 유지된다." 여기에서 "아무 일도 일어나지 않는다."와 "변화가 없다."는 것은 인간의 짧은 생애 동안 변화가 감지되지 않는 것처럼 보이는 우주의 광대함을 강조하는 말이다. 어쩌면 수십억 년에 한 번씩 행성 하나가 사라질지도 모르지만, 인간의 경우 누구도 짧은 생애 동안 행성의 어떤 변화도 관찰할 수 없을 것이다. 부처에 따르면 태양과 달은 하나의 세계世界 시스템을 구성하는데, 천 개의 소세계小世界가 모여 소천세계小千世界를 구성하고, 천 개의 소천小千이 모여 중천세계中千世界를 구성하고, 천 개의 중천中千이 모여 대천세계大千世界를 구성한다. 대천세계는 10억 개의 태양과 10억 개의 달을 포함하는 주요 세계 시스템을 구성한다. 그러므로 대·중·소 삼계三界를 모두 합친 것을 "천세계千世界" 또는 "삼천세계三千世界"라고 하며, 이는 무한한 우주를 말한다. 장자는 "이 세상 너머의 모든 것에 대해서는 성인은 그냥 두고 논하지 않는다."라고 말한 적이 있다. 왜냐하면 그것에 대해 논할 길이 없고 논할 필요도 없기 때문이다. 물론 브루노, 코페르니쿠스, 케플러는 그리스 신화의 시지프스의 후예들이기 때문에 이런 생각에 동의하지 않았을 것이다. 그들은 거대한 바위를 산꼭대기까지 운반하다가 다시 굴러떨어지게 될 운명이었기 때문이다. 끝없는 순환에 대한 그리스 신화의 원조는 존경할 만하나 헛된 노력과 동의어가 된 재미있는 이야기다. 물론 의심할 여지없이 나는 "시지프스들이 그들의 일을 계속하도록 내버려 두라."라는 말 외에는, 고대 그리스의 이성적 논리 사고 체계를 거부할 자격이나 의도를 가지고 있지 않다. 존재론과 방법론의 문제에 있어서 예술가와 과학자가 서로 다른 길을 택하는 것은 그들 각자의 존재의 필연적 결과이다.

방해받지 않는 마음이란 중국 화가들의 심리 상태를 말하며, 우주를 고요히 관찰하면서 만족과 위안을 찾고 혼란, 장애, 이름 모를 번뇌를 떨쳐 버리는 것이다. 이런 순간 중국 화가는 흰 비단과 보로를 보지 못하고, 그의 손은 붓도 먹도 모른다. 또한 그는 오늘이 일 년 중 언제인지도 모르고, 객관적 세계와 주관적 세계의 차이도 알지 못한다. 이것은 아무것도 기대하거나 원하는 것이 없는 상태이다. 이 순간 다양한 사물들이 머릿속에 떠오르고 일말의 장애물도 없이 붓끝을 통해 종이에 옮겨진다. 이 장애물이 없는 세계에서는 마음이 길을 인도하고 활력이 넘치는 에너지가 흐트러지면서 두려움도 없고 흐트러진 꿈도 없이 붓이 뒤따른다. 장자가 《지북유知北遊》에서 묘사한 것처럼 "우주는 흐릿하거나 존재하지 않는 것처럼 보일지라도 항상 거기에 존재하고, 불명확하고 형태가 없어 보일지라도 생동감 넘치는 존재로 모든 것을 양육하지만 그들은 자각하지 못한다. 이것이 모든 것의 기초이며, 그 기초에서 자연의 법칙을 관찰할 수 있다." 과거와 현재를 막론하고 사물의 외형에 부담을 느끼는 화가들은 이 영역을 상상할 수 없다. 화가가 작품을 만들 때 명작의 탄생과 그에 따른 영광, 금전적 보상, 직업적 평판만 생각한다면, 그들의 일거수일투족은 천박하고 그들이 갈 곳은 더러운 수렁 밖에 없다. 장자가 《열어구列御寇》에서 지적한 바와 같이, "이러한 사람은 외형에 집착하여 우주에 혼란을 느끼고, 태초의 무정형 우주의 진리를 얻지 못할 것이다."

유덕한 성인은 시를 지을 때 그것을 말로 표현하지 않고, 그림을 그릴 때는 종이에 그리지 않았다. 그 이유는 그들의 생각이 우주의 비정형적인 태초로 돌아갔기 때문이다. 그 우주에서는 흐릿하고 공허하며 환상적인 공간 속에서 생명은 밤낮으로 강물처럼 끊임없이 흐르고, 고독한 그림자는 생명의 리듬으로 울려 퍼지기 때문이다. 이 순간적이고, 감지할 수 없는, 그리고 완전한 삶의 이해는 그림이나 서예가 자연스럽고 헤아릴 수 없는 매력을 가질 수 있게 해준다. 이 시점에서 내가 독자들에게 명확하게 밝히지 않은 것은 무엇이든 성스럽고 신성한 영역은 구두로 전달할 수 없다는 사실을 독자들에게 상기시키고 싶기 때문이다. 그것을 이야기하거나 글로 표현하려 하면 불교에서는 "상象에 대한 집착"이라고 하는데, 이는 외적인 현실에 얽매이고 피상적인 것에 집착한다는 것을 의미한다. 도교는 이러한 집착을 세속에 의한 타락과 진정한 존재로부터의 소외로 간주한다. 그러나 우리 모두가 《장자莊子》속에 나오는 노용길老龍吉처럼 깨달음을 얻고 죽을 만큼 고명한 것은 아니다. 그렇기 때문에 내가 여기서 쓴 내용은 독자들 개개인의 이해에 따라 해석해야 하는데, 이는 중국 회화의 심오하고 신비로운 영역을 반영하는 것이다.

중국 화가가 그림을 그리는 상태는 소동파蘇東坡의 《전적벽부前赤壁賦》에서 발췌한 내용으로도 묘사할 수 있다. "갈댓잎처럼 배를 가는 대로 맡겨두어, 일만 이랑의 아득한 물결을 헤치니, 넓고도 넓구나, 허공에 의지하여 천풍을 탄 듯 훨훨 나부끼고, 인간 세상을 버리고 홀로 서서, 날개가 돋치어 신선神仙으로 돼 오르는 것 같더라." 중국 화가가 그러한 과정에서 작품을 생산할 수 있다면, 그의 그림은 9년간의 명상 끝에 진정한 깨달음을 얻고 암초를 타고 강을 건넜다는 달마와 견줄 만한 우아함으로 자아의 본질을 드러내고 세속적인 명성과 물질적 소유물의 얽힘으로부터 자신을 분리할 것이다. 오늘날 우리에게 "천풍을 탄다."라는 것은 진정한 자아가 자신의 길을 인도함으로써 세속적 근심에서 멀어지는 것을 의미할 수 있다. 그것은 당신이 어디를 가든 깨끗하고 순수한 세계가 될 것이며, 온 땅이 캣테일 기도 매트처럼 부드럽고 편안할 것이다. "날개가 돋치어 신선神仙으로 돼 오르는 것 같더라."는 것은 완전히 자유롭고 속박이 없어 세상의 모든 근심에서 완전히 해방되는 것을 의미할 수 있다. 궁극적으로 인간 정신의 자유는 고대 중국 문인의 근본적인 추구이자 "보편적 하나 됨齊一"이라는 고대 중국 철학 이상의 구체적인 구현이었다. "나는 나 자신을 잃었다.吾喪我"는 것은 완전한 이타심을 의미한다. 왕부지王夫之는《장자해莊子解》에서 이렇게 지적한 바 있다. "행함에 있어서 도모할 것도 없고, 도리어 기다릴 것도 없다. 기다릴 것이 없다는 것은 사물에 의지하여 자신을 세우지 않고, 일에 의지하여 공을 세우지 않고, 실제에 의지하여 이름을 세우지 않는다는 것을 의미한다." 만약 우리가 이렇게 될 수 있다면 우리는 그러한 영역에서 자유롭고 속박 없이 지낼 수 있다. 같은 저서에서 왕 씨는 다음과 같이 말했다. "모든 것은 나와 다른 것이 없으며 오직 자연만이 그러하다. 나도 자연이 아니라면 누가 나와 함께할 수 있을까?" 무한하게 존재하는 것은 구분과 간격이 없으며, 나는 하늘과 대지, 만물과 하나가 된다.《장자》에는 "땅이 내뱉는 숨을 바람"이라고 했다. 바람이 거세게 불면 울부짖는 소리가 들리고, 바람이 그치고 잠잠해지면 예외 없이 모든 것이 고요해진다. 중국 화가가 조용히 사색하고, 과거를 회상하고, 내면의 감동을 느끼고, 멀리 동떨어져 있을 때 비로소 자연스럽게 자유로운 그림의 경지에 들어갈 수 있다. 그래야만 진정한 화가가 될 수 있다. 앞 절인 "화격월단畵格月旦"에서 언급 한 인내심만 있는 자, 어리석음에 빠진 자, 교활함을 베푸는 자, 고역을 겪는 자, 간사함을 품은 자는 모두 "진정한 화가"의 대열에 들어갈 수 없다. 왜냐하면 그들은 대상과 자아, 하늘과 인간을 분리했기 때문이다. ("천방天放(자연에 맡긴다.)" 《장자·마제馬蹄》: "一而不黨, 命曰天放": 하나가 되되 편을 들지 않는다. 이것을 '하늘이 놓아 준 하늘의 이치에 맡겨진 자연 그대로인 것天放'이라고 말한다. 성현영소成玄英疏: 당黨은 방황함偏을 의미하며, 명命은 이름名을 의미하고, 천天은 자연自然을 의미한다.)

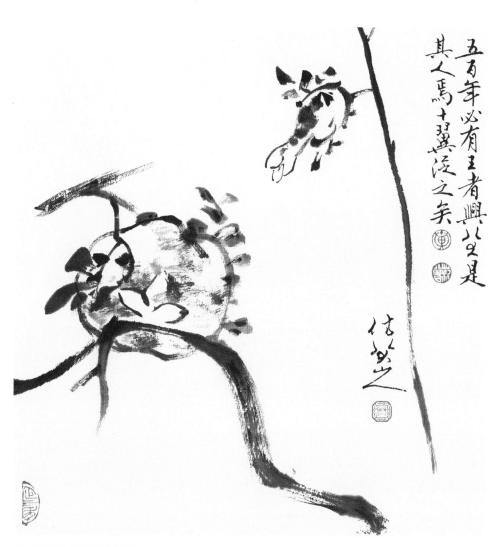

五百年必有王者興八必是
其人焉十翼浚之矣

팔대산인의 화풍을 본받음仿八大山人

팔대산인의 화풍을 본받음仿八大山人

팔대산인의 화풍을 본받음仿八大山人

제8장

흑룡의 진주 따기

探驪得珠

소위 중국 회화사를 연구하는 자는 그들의 특별한 전문성과 감정에 따라 "예술"의 다양한 측면과 스타일에 초점을 둔다. 심지어 "중국화"라는 개념도 현존하는 한족의 초상화나 다른 고대화보다 훨씬 더 오래된 기원을 가지고 있다. 본서의 제3장 "기운생동氣韻生動"에서는 앙소 문화의 사람 얼굴과 물고기 장식이 있는 반파 유형 토기와 하모도 문화의 돼지 무늬 토기에 대해 이야기했다. 중화 지역에 뿌리를 내리고, 2차원 평면에 사물을 형상화 한 모든 작품은 "중국화"의 큰 범주에 포함된다. 본 장인 "탐려득주探驪得珠"에서는 중국화를 대표하는 작품이라고 할 만한 내가 가장 좋아하는 작품들의 연대기 목록을 정리하였다.

- 신석기시대 하모도문화 돼지 무늬 토기
  新石器时代河姆渡文化猪纹紋體

- 앙소 문화 반파유형의 사람 얼굴과 물고기 문양이 있는 도자기 그릇
  仰韶文化半坡類型彩陶人面鱼纹盆

- 성도 백화담 출토 청동상감 항아리
  成都百花潭出土戰國鑲嵌圖像紋壺

- 전국시대~동한시대: 화산암벽화 종교 무용 그림
  戰國至東漢花山岩畵祭神舞蹈

- 전국시대 후기 백화 용봉사여도
  戰國帛畵龍鳳仕女圖

- 동한 무씨사당 무용, 요리사, 삼족 가마솥의 오사 석판, 신선 영이 화상
  東漢武氏祠樂舞、庖厨、升鼎畵像。武氏祠神仙靈異畵像

- 북위 돈황 벽화《살타나태자사신사호》
  北魏敦煌壁畵《薩埵那太子舍身飼虎》

- 북제교서권 北齊校書卷

- 동진 고개지《열녀인지도》東晉顧愷之《列女仁智圖》

- 수대 전자건《유춘도》隋代展子虔《游春圖》

- 당나라 장회태자묘 벽화《의장, 의전, 여시》
  唐章懷太子墓壁畵《儀仗、禮賓、女侍》

- 당나라 염립본《고제왕도》唐閻立本《古帝王圖》

- 당나라 한황《문원도》唐韓滉《文苑圖》

- 당나라 주방《잠화사녀도》唐周昉《簪花仕女圖》

- 오대 호괴《탁헐도》五代胡瓌《卓歇圖》

- 오대 형호《광려도》五代荊浩《匡廬圖》

- 송나라 범관《계산행려도》宋范寬《溪山行旅圖》

- 송나라 무종원《조원선장도》宋武宗元《朝元仙仗圖》

- 송나라 문동《묵죽도》宋文同《墨竹圖》

- 송나라 소식《고목괴석도》宋蘇軾《枯木怪石圖》

- 송나라 이성 《독비과석도》宋李成《讀碑窠石圖》

- 송나라 조길 《청금도》宋趙佶《聽琴圖》

- 송나라 양사민 《호정밀설도》宋梁師閔《芦汀密雪圖》

- 금나라 궁소연 《명비출새도》金宮素然《明妃出塞圖》

- 금나라 무관 《중계연애도》金無款《重溪烟靄圖》

- 송나라 이당 《만학송풍도》宋李唐《萬壑松風圖》

- 송나라 소조 《산요루관도》宋蕭照《山腰樓觀圖》

- 송나라 무관 《두화청정도》宋無款《豆花蜻蜓圖》

- 송나라 양해 《육조작죽도》宋梁楷《六祖斫竹圖》

- 송나라 하규 《계산청원도》宋夏圭《溪山淸遠圖》

- 원나라 조맹부 《수석소림도》元趙孟頫《秀石疏林圖》

- 원나라 조지백 《한림도》,《소송유수도》元曹知白《寒林圖》,《疏松幽岫圖》

- 원나라 왕몽《하산고은도》,《청변은거도》元王蒙《夏山高隱圖》,《青卞隱居圖》

- 원나라 방종의 《무이방도도》元方從義《武夷放棹圖》

- 원나라 예찬 《육군자도》元倪瓚《六君子圖》

- 원나라 산서예성영악궁벽화 《조원도(목공여김모제상)》,《조원도(봉보옥녀부분)》元山西芮城永樂宮壁畫《朝元圖(木公與金母諸像)》,《朝元圖(奉寶玉女部分)》

- 명나라 왕불 《교가죽석도축》明王紱《喬柯竹石圖軸》

- 명나라 손륭 《부용유아도축》明孙隆《芙蓉游鵝圖軸》

- 명나라 은해 《응격천아도축》明殷偕《鷹擊天鵝圖軸》

- 명나라 임량 《창응도축》明林良《蒼鷹圖軸》

- 명나라 여기 《응작도축》明呂紀《鷹鵲圖軸》

- 명나라 오위 《장강만리도권》明吳偉《長江萬里圖卷》

- 명나라 장숭 《무진계산도축》明蔣嵩《無盡溪山圖軸》

- 명나라 심주 《여산고도축》明沈周《廬山高圖軸》

- 명나라 당인 《간천청풍도축》明唐寅《看泉聽風圖軸》

- 명나라 문정명 《임계유상도축》明文征明《臨溪幽賞圖軸》

- 명나라 진순 《화훼책》明陳淳《花卉册》

- 명나라 서위 《묵포도도축》,《잡화도권》明徐渭《墨葡萄圖軸》,《雜畫圖卷》

- 명나라 송욱 《산수도축》明宋旭《山水圖軸》

- 명나라 동기창 《송계유성도축》明董其昌《松溪幽聖圖軸》

- 명나라 양문총 《방예찬산수도축》明楊文驄《仿倪瓚山水圖軸》

- 명나라 장서도 《청설장송도축》明张瑞圖《晴雪長松圖軸》

- 명나라 진홍수 《잡화도책·무법가설》明陳洪綬《雜畫圖册·無法可說》

- 청나라 정수 《산수책》清程邃《山水册》

- 청나라 홍인 《죽석풍천도축》清弘仁《竹石風泉圖軸》

- 청나라 주탑 《추산도축》,《방동북원산수도축》,《화조도권》
  清朱耷《秋山圖軸》,《仿董北苑山水圖軸》,《花鳥圖卷》

- 청나라 공현 《호빈초각도축》清龔賢《湖濱草閣圖軸》

- 청나라 왕시민《답국도축》清王時敏《答菊圖軸》

- 청나라 왕원기《산중조춘도축》清王原祁《山中早春圖軸》

- 청나라 고기패《오동희작도축》清高其佩《梧桐喜鵲圖軸》

- 청나라 화암《김곡완도축》清華嵒《金穀園圖軸》

- 청나라 정섭《현애란죽도축》清鄭燮《悬崖蘭竹圖軸》

- 청나라 이방응《죽석도축》清李方膺《竹石圖軸》

- 청나라 허곡《비파도축》清虚谷《枇杷圖軸》

- 청나라 임이《한림목마도축》清任頤《寒林牧馬圖軸》

- 현대 이고선 現代李苦禪

- 현대 부포석 現代傅抱石

- 현대 황빈홍 現代黃宾虹

- 현대 장조화 現代蒋兆和

- 현대 서비홍 現代徐悲鴻

- 현대 황주 現代黃冑

중국어로 "하나를 인용하되 만을 생략한다.挂一漏萬"라는 표현은 위의 목록을 설명하는 완벽한 방법이다. 이는 아마도 나의 미학적 원리에 기초한 매우 통찰력 있는 안목의 결과일 수도 있지만, 나의 독특한 감성의 반영일 가능성이 더 크다. 오늘날 사람들은 남의 말을 앵무새처럼 따라 하는 것이 일반적이다. 팔대산인八大山人과 석도石濤를 언급하면 모두가 엄지손가락을 치켜세우고, 동기창董其昌과 4왕四王의 이름이 거론되면 모두가 무시하기

일쑤다. 사실은 그렇지 않다. 한때 뉴욕의 메트로폴리탄 박물관에서 왕원기王原祁의 거대한 산수화를 본 적이 있다. 붓놀림으로 볼 때 왕원기는 청淸나라 초기의 최고의 화가라고 평가할 수 있다. 또한 왕감王鑑의 그림 화첩도 본 적이 있는데 그의 작품은 석도와 비교해도 손색이 없다. 다행히 예술에는 정답이 없고, 각자의 관점이 모두 타당하다. 위의 목록을 만든 목적은 남북종설南北宗說과 같은 예술 비평의 종파주의를 없애고자 하는 나의 학문적 입장을 수립하기 위해서였다. 내가 언급한 수십 명의 화가들 중에서 특히 팔대산인八大山人, 예운림倪雲林, 왕몽王蒙, 이성李成, 범관范寬 은 내가 가장 존경하는 화가들이다. 그들은 나에게 흔들리지 않는 거대한 산과 같은 존재이다. 붓놀림 측면에서만 보더라도 수隋, 당唐, 오대五代, 송宋왕조에서 발전하여 원元나라 화가 예찬倪瓚, 왕몽王蒙, 청나라의 팔대산인八大山人에서 유례없는 정점을 찍었다. 그 중에 숨겨진 비밀은 다음 장에서 자세히 설명하겠다. 최근 특히 오늘날에는 자신을 대가라고 부르는 자들이 넘쳐나고 있으며, 뻔뻔스럽고 부끄러움을 모르는 태도는 요즘 더욱 심각해졌다. 중국화를 신성한 영역으로 여기지 못한 그들은 진정한 걸작 연구를 외면하고, 진정으로 위대한 화가들이 멀리하는 속물간의 치열한 명성 경쟁에 뛰어든다. 예외 없이 전국의 수많은 예술 협회나 기관은 마치 잉어처럼 떼 지어 모여 명리만 추구한다. 사람들은 예술이 언제나 작품 자체로 말을 한다는 것을 깨닫지 못하고 있다. 홍보의 힘으로 작은 것을 크게 만들 수는 없다. 일부 사람들이 그들의 작품을 마구 홍보하거나 위조품들을 경매에 붙이려고 하는 것을 보면 정말 역겹다. 내가 보기에 최근 역사상 가장 뛰어난 화가는 이고선李苦禪, 이가염李可染, 부포석傅抱石, 황빈홍黃賓虹, 장조화蔣兆和, 서비홍徐悲鴻, 황주黃冑 등 7명이다. 좀 더 자세히 설명하면 다음과 같다.

위대한 화가 이고선은 과거의 거장 서위徐渭, 팔대산인八大山人과 견줄 만하고 후손들에게 본보기가 되어야 한다. 하지만 지금은 어떤 미술 평론가도 나의 견해에 동의하지 않을 것 같다. 《사해辭海》에는 평범하기 짝이 없는 화가들의 이름이 기록되어 있지만, 유일하게 이고선 선생의 기록은 찾을 수 없다. 이러한 누락은 학계의 수치라 할 수 있다. 붓놀림이 기상천외하고 웅장하며, 기세의 웅장하고 광대하단 점에서 이고선 선생은 "놀라운 재능과 뛰어난 기개, 높은 이상"이라고 평가받을 만하다. 작품의 스타일은 작가의 인격에서 비롯된다. 이고선 선생의 직설적이고, 굳건하고, 너그러운 성격은 오늘날의 겉핥기만 하는 사람들이 이해할 수 있는 경지가 아니다. 부포석은 기상천외하고 웅장한 작품 스타일로 오대와 북송 시대의 산수화 대가들을 뛰어넘었다. 사실주의의 거장 장조화에 대해 말하자면 초상화에서 그의 선구적인 혁신은 의심할 여지없이 다음 세대 화가들에게 독특한 영향력을 미쳤고 영감을 주었다. 나는 이고선, 이가염, 부포석, 황빈홍, 장조화 등 이 모든 현대의 위대한 화가들에 대한 나의 전문적인 평가는 이미 다른 글에서 다루었기에 여기서는 자세히 서술하지 않겠다. (《이반지변李潘之辯》, 《부가산수양대인傅家山水兩代人》, 《수우천회파경장水遇千回波更長》, 《혼백광재강산도魂魄猶在江山圖》, 《황빈홍론黃賓虹論》, 《서비홍전徐悲鴻傳》 참조)

팔대산인의 화풍을 본받음仿八大山人

팔대산인의 화풍을 본받음仿八大山人

팔대산인의 화풍을 본받음仿八大山人

제9장

문인들의 공헌

이상 열거한 50여 명의 화가들의 작품과 마지막 장에 수록된 석각, 묘비와 사원 벽화 등은 모두 중국화라고 할 수 있다. 하지만 중국화의 궁극적인 추구는 중국 문인들에 의해 규정되고 있으며, 그 이유는 중국화의 핵심이 철학적이고, 시적이며, 서예적인 요소들이 있기 때문이다.

　　"기운氣韻"에 관한 논의에서 나는 동양 철학 사상이 중국 회화에 미치는 근본적인 의의에 대해 간결하게 분석했다. 장자가 《지북유知北遊》에서 말했듯이, "가장 박식한 사람은 불필요한 행동을 하지 않고, 가장 현명한 사람은 무모하게 행동하지 않는다. 이것은 그들이 우주를 주의 깊게 검토한 결과이다." 노자는 도덕경 48장에서 본질적으로 같은 이야기를 했다. "배움學의 길은 날로 쌓아가는 것이고, 도道의 길은 날로 덜어내는 것이다. 덜어내고 또 덜어내면 무위無爲의 경지에 이른다." 둘 다 통찰이 부족하면 많이 배웠다 하더라도 도에서 멀어질 수 있음을 알려주는 것이다. "익益"은 많음을 의미하며, 도道와는 관련이 없다.

　　당신의 천성이 자연과 조화를 이룰 수 있다면, 당신은 도와 하나가 될 수 있다. 이렇게 하면 모든 정신적, 육체적 부담에서 벗어나 무위의 경지에 도달할 것이다. 노자는 도덕경 47장에서 "문 밖으로 나가지 않아도 천하를 알고, 창문을 엿보지 않아도 천지의 도를 볼 수 있다. 나아가서 나가면 더 멀리까지 나아갈 수 있지만, 알면 알수록 더 모르는 것이 많아진다!"라고 하였다. 여기에서 그의 요점은 자연에 대한 중국 화가들의 믿음과 가장 이국적인 풍경을 작품의 모델로 찾기 위해 먼 곳으로 여행하는 일상적인 관행과 모순되는 것처럼 보인다. 내가 충고하고자 하는 바는 문장을 읽을 때 특히 고대 중국 철학 작품을 읽을 때는 피상적으로 읽지 말라는 것이다. 노자의 의도는 도를 체득하는 순간은 멀리 여행하는 때가 아니라는 뜻이다. 매우 정교하고 지혜로운 노자는 우리에게 "매우 고요한 의식을 가진 완전히 공허한 마음"의 정신적 성찰 상태에 도달하기 위해 삶의 모든 일상적인 사소함에서 벗어나야 한다고 일깨워 주었다. "날마다 더 많은 지식을 추구해야 한다."라는 속된 사소함의 족쇄를 벗어던진 이 순간, 우리는 문득 깨달음과 정신적 해방을 느낀다. 객관적인 외물이 더 이상 마음에 영향을 미치지 않을 때, 당신은 장자가 말하는 "자율적 자아", 즉 외부의 힘이나 영향에 의존하지 않는 존재를 이해할 수 있다. 이 정신 상태는 자연과 완전히 조화를 이루며, 그것으로부터 분리되거나 그것에 의해 억제되지 않는다. 장자는 제물론에서 안성자顏成子는 진인眞人 남곽자기南郭子綦를 보았을 때, 그는 자연과 완전히 조화를 이뤘다고 말했다. 그의 모습은 죽은 송장과 같고, 마음은 한 점의 불꽃도 없는 죽은 재와 같았다. 남곽은 인간 존재의 원 상태로 돌아갔다. 아기처럼 순수하고, 통나무처럼 단순한 그는 무한한 우주에 완전히 빠져들었다. 그의 절묘한 격언인 "나는 나를 잃었다吾喪我."는 불교에서 말하는 아뇩다라삼막삼보리阿耨多羅三藐三菩提, 즉 가장 완벽한 깨달음에 해당된다. 그는 죽었는가? 아니다. 그는 우주에 완전히 몰입하여 가장 큰 자유를 얻었다. 그는 천체물리학자 요하네스 케플러Johannes Kepler가 우주 6행성의 교향곡이라고 불렀던, 일반 사람들에게는 들리지 않는 가장 아름다운 자연의 소리를 들었을 것이다. 노자의 철학은 본질적으로 형이상학적이고 우주의 가장 깊은 비밀을 이해하는 것을 목표로 하기 때문에 중국 화가들은 앞서 말한 나의 분석을 되새길 수 있어야 하며, 노자가 논의했던 것이 예술가의 가장 근본적인 원리임을 깨달아야 한다. 예술가가 자연과 그리고 도와 하나가 될 때 비로소 일반 사람들이 꿈꿀 수 없는 궁극적인 이해의 경지에 도달할 수 있는 것이다. 이런 영적인 아름다움은 "지식을 추구하면서 매일 새로운 것을 배운다."라는 표현에서 묘사한 정신적 장애와는 아무 관련이 없다. 오히려 그것은 보이지 않는 만족 상태이다. "가득 차 있음이 아름답다."라는 맹자의 말은 바로 그런 뜻이다.

중국 문화사에서 사회 계급으로서의 "문인"들은 모든 분야에서 공로가 지대하다. 중국 고전 철학의 창시자이자 실천가로서, 그들은 위대한 문명을 창조했고, 그들이 창조한 위대한 문명은 중국인들에게 더할 나위 없는 영광을 안겨 주었다. 세계 모든 나라에서 철학적 사고는 대중의 집단적 사고로 결정되며, 이러한 사고에 기초한 문명을 만들어냈다. 물론 중국화도 이에 예외가 아니다. 이 위대한 문명의 일부인 중국화는 중국 문화 부흥의 찬란한 꿈을 이루기 위해 필요한 것이고, 이를 위해서는 우선적으로 중국 철학을 장려해야 한다.

일부 극도로 편협한 사람들은 주관적 관념론이 유교 윤리 규범의 발전에 영향을 미쳤다고 생각했다. 하지만 사실 전국시대의 혜시惠施와 공손룡公孫龍과 같은 유명한 사상가들은 비록 역사상 눈부신 발전은 이루지 못했지만, 실제로 중국 철학에 큰 기여를 하였다. 역사상 그들의 업적을 우리는 적절히 평가해야 한다. 오늘날 우리에게 알려진 그들의 철학 명제들 중 일부는 다음과 같다. "경계가 없는 위대함은 무한히 크고, 내핵이 없는 작은 것은 무한히 작다." 그리고 "백마는 말이 아니다." 중국인들은 엄복嚴復이《명학名學》을 중국어로 번역했을 때 비로소 서양이 이러한 개념에 대해 어떻게 생각했는지 알게 되었다. 하지만 내 생각에 만약 서양 철학이 미래에 동양의 존재론적, 방법론적 사상의 가장 근본적인 개념을 흡수하지 않는다면 언젠가 서구는 루트비히 비트겐슈타인(20세기 영국 철학자)이 그랬던 것처럼 "철학자는 더 이상 할 일이 없다."라는 서글픔과 비통한 순간을 겪게 될 것이다.

송나라 초부터 지금까지 걸출한 화가들은 대부분 뛰어난 문인이었다. 문장이 매우 뛰어나면서 그림은 그저 그런 경우는 있지만, 그림이 매우 뛰어나면서 문장이 미흡한 경우는 본 적이 없다. 작가들 중에서 북송의 소동파蘇東坡, 문여가文興可, 미원장米元章을 예로 들 수 있다. 앞서 소개한 소동파의 〈고목괴석도枯木怪石圖〉는 비록 전문가의 작품은 아니지만 그래도 한 편의 청아한 기운이 맴돈다. 역사에 따르면 미원장米元章이 미점산수米点山水를 창시했다고 하지만, 아직까지 진본을 본 적이 없다. 미 씨가 서예를 하다가 점으로 그림을 그렸을 것이라고 생각한다. 그의 아들 미우인米友仁이 남긴 산수화를 보면 뛰어난 작품이라고 할 수는 없지만 속된 분위기가 없고, 세상을 뒤엎고 새로운 세상을 만들고자 하는 독특한 생각을 담고 있다. 문동文同의 대나무 그림은 후세의 정섭鄭燮의 그림만큼 유려하고 흥겹지는 않지만 그래도 문인다운 청아한 기운이 있다. 미 씨의 그림이 전해지지 않은 이유는 아마도 눈만 높고 수준이 낮은데 거만해서 남에게 양보하지 않는 성격 때문에 자신의 작품을 대부분 스스로 없앤 것 같다. 자신의 실력을 감추려는 의도도 있었을 것이다. 그의 아들 미우인은 아버지의 위조 작품을 변별하기 위해 고종 황제와 함께 남쪽 여행에 동행했다. 그의 산수화는 또한 유물론에 대한 명백한 혐오감을 드러낸다.

명성이 자자한 이들 세 문인들의 그림은 눈에 띄지 않았지만 중국 회화의 장르를 정립하는 데는 결정적인 역할을 했다. 문단에서 위상이 높았기 때문에 그들이 그림에 대한 말의 무게는 당연히 일반 화가들보다 더 큰 비중을 차지했다. 소동파의 시를 예로 들어보면, "그림의 생김새를 보고, 그림의 질을 평가하는 것은 유치한 짓이며, 시와 같은 시를 짓는 것은 시적인 원리에 어긋난다."라는 것이다. 정교함이 부족함에도 불구하고 이 시는 출판된 지 천 년이 지나도록 작품의 지침으로 삼지 않은 진정한 화가나 시인은 단 한 명도 없었다. 독일의 천체물리학자 요하네스 케플러가 천체론의 창시자이듯 소동파가 문인화라는 장르의 시조라는 사실을 우리는 결코 잊지 못할 것이다.

예술가들은 "눈은 높으나 능력이 부족한 것"은 언제나 좋은 일이다. 오히려 "능력은 뛰어난데 눈이 낮은 것"이 문제이다. 왜냐하면 그렇게 되면 치유할 수 없는 장인기질에 사로잡혀 영원히 저속한 현실의 굴레 속에서 헤어 나올 수 없기 때문이다. 이러한 화가들은 고대부터 오늘날까지 셀 수 없이 많았다. 굳이 일일이 언급할 필요도 없다.

슬프기 그지없는 세상만사百年世事不胜悲

팔대산인의 화풍을 본받음仿八大(2006)

아누따라삼약삼보디anuttara-samyak-sambodhi, 阿耨多羅三藐三菩提

제 10 장

주관과 객관성의 통일

이전 9장에서 나는 독자들에게 중국 문인 화가들의 정체성을 알리기 위해 중국 철학을 논했다. 물론 온톨로지Ontology를 방법론으로부터 완전히 분리하려고 해서는 안 된다. 그렇지 않으면 자신의 주관적 의지와 객관적 실천의 사이에 단절이 생길 가능성이 크다. 바퀴의 움직임과 의도한 이동 방향이 완벽하게 일치하지 않을 경우 조금만 엇갈려도 차량이 잘못되거나 심지어 전복될 가능성이 높다.

방법론적인 측면에서 중국 화가들은 공자의 손자인 자사子思가 제시한 "천인합일天人合一"의 원칙을 매우 중시한다. 여기서 존재론과 방법론은 "유有"와 "무無"의 개념과 마찬가지로 동일하지만, 다른 이름을 가지고 있다.《노자老子》에서는 "무는 만물의 시작이고, 유는 만물의 어머니다."라고 말했다. 천지가 생겨날 때 만물의 어머니도 동시에 나타났다. 노자의 기본 철학 명제에서 "유"와 "무"는 하나이며 동일하지만 다른 이름을 가지고 있다. 삼국三國시대와 위진魏晉시대의 문인 왕필王弼과 하안何晏의 "무를 중시함尊無"과 배위裴頠, 곽희郭熙의 "유를 중시함重有"이라는 개념과는 근본적으로 다르다. 우주의 기원과 발전에 대한 이 학자들의 이론은 노자의 이론

만큼 설득력이 없다. 그들은 비슷한 철학적 용어를 사용했지만 노자의 개념을 그들의 것으로 대체했다. 노자가 "무"를 논한 목적은 "유"의 존재를 증명하는 것이고, 반대로 "유"를 논한 목적은 "무"의 실체를 증명하는 것이다. 노자가 "무위無爲"를 논한 것은 "무불위無不爲"를 논하기 위해서이다. 노자의 견해는 "도를 추구하면서 매일 무언가를 잊는다.爲道日損"라는 것이 존재론적 원리이자 방법론적 원리인 것이다. 유교적 사상인 "명덕明德"은 존재론적 개념이고, "명명덕明明德"은 방법론을 의미하지만, 실제로는 같은 것이다.

노자는 "도를 행하는 것은 날마다 덜어내는 것이다. 버릴수록 무행無行에 가깝고, 무행에 이르면 하지 못하는 것이 없다."라고 말한다. 이것이 바로 중국 화가들의 최고의 법문이며, 이는 선종禪宗의 "말이나 글로 표현할 수 없는 본질을 직접적으로 깨달아야 한다.不立文字 , 直指本心"는 가르침과 같은 의미이다. 눈치가 없는 사람들은 "무위無爲"가 궁극의 원칙인데, 왜 굳이 그림과 시를 쓰느냐고 따질 것이다.

팔대산인의 "세상 다루기涉事" 개념은 사실 꽤 심오하다. 이것이 의미하는 바는 일단 하늘에서 영감을 얻으면 그것을 붓을 통해 나오게 한다는 뜻이다. 만약 혜능이 한 마디도 하지 않았다면 어떻게 육조《단경壇經》이 나올 수 있었겠는가? 팔대산인이 붓을 들지 않았다면 어떻게 그렇게 많은 그림이 있을 수 있었겠는가? 장자莊子는 자신의 독창적인 생각을 표현하기 위해 과장된 비유, 반복적인 말, 뜻을 숨긴 말 등을 사용했다. 이는 사람들에게 강한 충격을 주고 깨달음을 얻도록 하기 위한 의도였다. 만약 모든 사람이《장자莊子》에 나오는 노용길老龍吉처럼 자신의 깊은 생각을 드러내지 않고 세상을 떠났다면, 우주에 존재하는 모든 것은 의미를 잃었을 것이다. 그렇다면 굳이 헛된 노력인 줄 알면서 중국 화법을 논할 필요가 있겠는가?" 그러므로 "무위의 경지에 이른다는 것至於無爲"은 중국 화가들이 도를 추구하는 궁극적인 기준이 되었고, 수 천 년 동안 넓은 시공을 통해 노력한 그들의 욕망의 최고 영역이 되었다. 세상의 평론가들은 말로만 떠들고 실제로는 아무것도 하지 못한다. 그들은 사람을 감동시킬 수 있는 아무런 예술적 실천도 없이 미학을 논한다. 마치 전쟁을 해본 적 없는 사람이 전략을 논하거나趙括談兵, 여름잠을 자는 벌레가 얼음을 이야기하는 것夏蟲語氷과 같다. 그들은 미학의 껍질만 보고 그것을 바탕으로 미학 체계를 세우려고 한다. 마치 우물 안 개구리가 바다거북에게 세상을 말하는 것과 같다. 겉으로는 심오해 보이지만, 똑똑해 보이려고 지나치게 생각하고, 의심만 하며 주저하는 것은 쓸모없다. 그런 사람이 쓴 두툼한 책 한 권의 가치는 사실 두툼한 벽돌 한 장보다 못한 것이다. 노신魯迅은 그러한 가치 없는 책들을 살인자와 도둑에 비유하며 비난했다. 그런 사람들이 모이면 분명 예술의 정원이 시들고 문인들은 점점 더 깊은 수렁에 빠지게 될 것이다. 공자는 언젠가 "북을 울려 염구를 비난하라."라고 한 적이 있다. 그러나 비난받아 마땅한 사람은 어찌 염구 한 사람이겠는가?

중국 역사상 가장 뛰어난 화가들은 남을 위해서가 아니라 그들 자신을 위해 학문에 종사했다. 하지만 자신을 이롭게 하는 목적은 궁극적으로 타인의 이익을 위한 것이며, 타인에게 빛을 비추어 따뜻함을 주고, 자신의 삶을 단비로 삼아 삭막한 세상을 윤택하게 만드는 것이다. 중국 고대 문론 중에서 나는 유협劉勰의 《문심조룡文心雕龍》을 가장 좋아하고, 근현대에는 왕국유王國維의 《인간사화人間詞話》와 유희재柳熙載의 《예개藝概》를 높이 평가한다. 이 모든 것들은 우리가 주의 깊게 읽을 만한 가치가 있다.

유협은 "상상의 비결은 작가의 주관성과 자연의 객관성의 일치"라고 쓰고 있는데, 이는 그가 자연의 위대한 힘을 소중히 여긴다는 것을 의미한다. "대상의 아름다움에 감동하여 마음이 움직인다."라는 것은 주관성이 객관적인 환경에 달려있다는 것을 의미한다. "눈으로 대상을 살펴보고, 마음으로 그것을 받아들이는 과정을 통해 미적 판단이 이루어진다."라는 것은 심미적 선택을 의미한다. 이처럼 유협의 문체는 간결하면서도 표현력이 뛰어나다. 왕국유에 따르면, "진정한 경물과 진정한 감정을 담은 작품만이 경지를 이룬다." 이 숙달은 "참"되고 "거짓"이 없는 마음의 "성실함"에서 비롯된다.

유희재劉熙載는 "두보의 표현처럼 시의 끝은 혼망混忘에 이른다."라며, 흐릿하고 몽롱한 상태混忘를 특히 중시했다. 만약 시의 끝이 흐리고 끝끝내 흐릿하다면, 우리는 전체 시가 같다고 가정할 수 있다. 우리는 몽롱하고 흐릿한 시를 쓰기 위해서는 우선 몽롱하고 흐릿한 시인이 있어야 한다고 추정할 수 있다. 그리고 그것이 장자가 "고대인들은 어두컴컴한 혼돈 속에 살았다."라고 말한 이유이다. 이것이 유희재가 장자의 혼돈설을 문학에 대한 논의에 적용한 것이다. 중국화의 최고 경지는 아마도 이 "혼망混忘"이라는 두 단어로 요약할 수 있을 것 같다.

중국의 문론文論, 시론詩論, 서론書論은 화론畵論보다 우수하다고 생각한다. 내가 시론을 회화에 적용하는 이유는 석도石濤의 《화어록畵語錄》이 철학적 경향을 띠기 전까지 고대 회화 이론이 전반적으로 기법만을 강조했기 때문이다. 그러나 그의 그림을 보면 정판교鄭板橋가 말하는 "불필요한 잔털微茸尔", 즉 그림에서 불필요한 필치나 그의 그림의 디테일로 고통받고 있다. 그래서 석도의 회화 이론은 수사학 수준에 그쳤고, 그의 그림에는 반영되지 않았다. 열변을 토함에도 불구하고 그의 주장은 잘 만들어졌지만 심오한 경지에는 도달하지 못했다. 나는 젊었을 때 그의 《화어록畵語錄》에 몰두했지만 지금은 잠시 제쳐 두고 있다.

뛰어난 지식인들은 해박한 지식과 예리한 관찰력을 갖추고 있어 유교, 불교, 도교의 정수를 항상 염두에 두지만, 그들은 어떤 학파의 철학적 교리에도 얽매이지 않는다. 또한 사회적 얽매임과 집착에서 자유롭고, 기존의 관념이나 신념을 따르지 않는다. 자신의 소중한 이상을 믿고 독립적으로 행동하며, 개인의 영성을 연마하고, 사회적 압력에 굴복하지 않는다. 왕희지가 적절하게 표현했듯이, "때로는 마음속에 품은 것을 꺼내어 한 방 안에서 이야기하고, 때로는 의탁할 곳을 찾아 형체를 벗어나 방랑하기도 한다." 동진東晉 왕조에서 북송北宋 왕조에 이르기까지 6백여 년 동안 점차 발전해 온 명교名敎를 초월해 자연으로 돌아가는 과정은 약 400년 전 팔대산인의 절묘한 작품을 통해 세계 미술사에서 화려하고 찬란한 경지에 도달했다. 맹자孟子가 말한 것처럼 "위대하여 남을 감화시키는 것을 성스럽다 하고, 성스러워 남이 헤아릴 수 없는 것을 신령스럽다고 한다." 사실 팔대산인은 중국 화가의 위대한 대표로서, 중국 문화의 독특한 영예를 얻는데 많은 기여를 했고, 예술 분야에서 위대한 전통을 가진 다른 나라들 사이에서 중국의 입지를 확고히 하는 데 도움을 주었다.

수많은 책을 저술한 부포석傅抱石은 근대사에서 위대한 화가였다. "중국화는 정말 흥분된다."라는 그의 유명한 말만으로도, 천하의 스승이 될 만하다. 우리는 화가가 항상 자연과 만나 훌륭한 작품을 만들 수 있다고 기대할 수는 없다. 왜냐하면 "흥분興奮"은 좋은 날씨, 아름다운 풍경, 기분 좋은 마음, 즐거운 일이라는 네 가지 아름다움四美具이 모두 갖춰지고, 현명한 주인과 훌륭한 손님이라는 두 가지가 함께 이루어지는 희귀한 순간二難並에만 찾아오기 때문이다. 그러니 아무리 위대한 중국 화가라 하더라도 이러한 드문 예술적 성취는 그야말로 행운의 필치이기 때문에 생애 최고의 걸작은 영원히 몇 점에 불과한 것이다.

소동파는 오도자에 대해 다음과 같이 묘사했다. "그가 그림을 그릴 때, 그의 붓은 가파른 바람과 폭우처럼 번쩍였다. 붓이 닿기도 전에 그의 기氣가 이미 붓을 집어삼켜 버렸다." 여기서 "기氣"는 사혁謝赫이 《고화품록古畵品錄·논화육법論畵六法)》에서 논한 "기운생동氣韻生動"과 정확히 일치한다. 이 순간 화가와 그를 둘러싼 세상이 하나가 되었으니 얼마나 소중한 인생의 순간인가!

기원전 21세기부터 기원전 11세기까지는 일반적으로 중국 문화사에서 철학의 전 단계로 간주된다. 이 시기에 음양 팔괘가 발달하여 고대 중국인들의 이원론의 시초가 되었다. 주문왕周文王은 이 시기에 이러한 초기 이론을 발전시켰고, 후에 공자에 의해 《십익十翼》으로 더욱 확장되었고, 이는 동진東晉 왕조에서 위대한 작품으로 발전하였다. 공자 무렵 노자의 《도덕경道德經》이 나오자 순수 중국 철학이 탄생했다. 《역경易》에서 《노자老子》 시대까지 중국의 기본적인 존재론적 사상은 "만물은 무에서 나왔다.無中生有", "유무는 서로에게서 자라난다.有無相生"였고, 그 기본 방법론은 "음과 양"의 양극성이다.

이러한 학설의 위대함은 중국 철학의 존재론적 원리와 방법론적 원리의 완벽한 통합에 있다. 간단히 말해서 존재론과 방법론은 이름은 다르지만 본질은 같다. 이것은 시대를 초월하고 영원히 변하지 않는 동양 고전의 우주론적 통찰이 될 것이다.

    《노자老子》의 "백색을 알면서도 흑암을 보존한다."라는 문구에서 "흑백黑
白"이라는 개념을 이용하여 중국화를 바라보는 새로운 관점을 제시하고자
한다. 내 생각에는 농도가 가장 높은 색은 검은색이고 밀도가 가장 낮은 색
은 흰색이다. 이 견지에서 중국 회화는 흑과 백의 다른 음영들 사이의 무한
한 교환과 혼합이며, 흑은 먹으로 대표되고, 양은 흰색인 선지로 표현된다.
"유와 무는 같이 나왔지만 이름이 다르다."라는 중국 철학 개념이 여기에
해당된다. 그림을 그리기 전에 하얀 종이 위에는 아무것도 없는데, 이것은
우주 태초의 순수한 공허함을 나타낸다. 그림이 완성되고 나면 존재有와
비존재無가 뒤섞인 산물이 형성되는데, 이때 먹이 묻지 않은 곳을 "무無"
라 하고, 먹물이 덮인 곳이 "유有"가 된다. 다른 말로 표현하면 먹으로 그
려진 이미지는 보통 "실체實"로, 먹이 칠해져 있지 않은 부분은 보통 "여
백" 또는 "허공虛"이라고 불린다.

빅토르 위고Victor Hugo

제11장

같은 근원에서 진화한
서예와 회화

과거와 현재를 막론하고 세상의 모든 언어는 기호 체계에 불과하다. 서로 다른 기호가 결합하여 문장과 단락을 형성하고 사상, 언어 그리고 인류 문학 작품 전체의 매개체를 구성한다. 일반적으로 말하면 세계의 다양한 집단과 인종의 문자는 미학의 대상이 되는 근거가 없고, 또한 조형 예술로도 볼 수 없다. 유일한 예외는 중국 서예인데, 이는 객관적인 기호를 주관적인 예술로 탈바꿈시키고 중국 회화의 기반을 마련했다. 그 배경에는 어떤 깊은 원리가 있을까?

"도법자연道法自然"의 원리를 설명하기 위해 가장 적합한 예술 형식을 찾는다면 바로 서예일 것이다. 이것은 본질적으로 상형 문자일 뿐만 아니라 고도로 추상화된 예술이다. 아름다운 점화 속에서 우리는 생명의 상태, 운동의 감각, 물질의 생성과 소멸, 그리고 언어로 표현하기 어려운 깊은 의미를 발견할 수 있다. 또한 서예는 서예가의 개성, 운명, 그리고 심지어 그의 생명력의 강렬함이나 쇠퇴까지 기묘하게 전달할 수 있다. 이것이 바로 서예가 숭고한 예술로 간주되는 이유이다. 중국에서는 회화만큼이나 고귀한 지위를 가지고 있다.

중국 최초의 문자인 갑골문은 중국 서예의 시초라고 할 수 있다. 거북이 등껍질이나 동물의 뼈에 날카로운 도구로 새긴 갑골문은 점술 목적으로 사용되었다. 이 고요한 징조에서 우리는 고대인들의 삶에 대한 경건함과 신비를 느낄 수 있다. 그러나 이러한 기록들은 인간의 온정을 거의 풍기지 않지만, 우리는 여전히 내용과 형식을 통해 초기 조상들의 미묘한 예술적 감성을 인식할 수 있다. 주진周秦 시대에 이르러서야, 중국 서예는 비로소 공식적으로 탄생했다. 따라서 중국 서예가 하나의 예술 형식으로 발전한 이유는 갑골문의 상형 문자적 성격과는 거의 관련이 없고, 그 획에 담긴 우주의 광대한 아름다움과 관련이 깊다. 그 후 2천여 년 동안 중국의 서예가들은 그들이 관찰하고 이해한 것을 담아내기 위해 끈기 있게 노력해 왔다. 이 모든 경험들을 붓끝에 담아냈고, 그 결과 점화 하나하나에 삶과 죽음, 존재와 무, 그리고 운동의 법칙까지 고도로 추상화하여 표현했다. 문자는 단순히 기호의 체계일 뿐이지만 양식화된 기호는 감정과 감정의 광대한 우주로 만들 수 있다.

서예는 모든 면에서 자연을 진정으로 모방한 예술이다. 사람들은 종종 자연의 변화나 다양한 상태를 다음과 같이 말한다. "유와 무는 서로 성장하게 해주고, 어렵고 쉬운 것은 서로를 완성하고, 길고 짧은 것은 서로 대조를 이루며, 높고 낮음은 서로를 보완하고, 음과 소리는 서로 조화를 이루고, 앞과 뒤는 서로 순서를 부여한다."《노자·2장》 서예의 비범한 아름다움을 설명하는 예는 다음과 같다. 종요鍾繇의 서예는 "하늘에서 노니는 구름과 학雲鶴遊天"으로 비유되었고, 왕희지王羲之의 서예는 "봉황 둥지에 웅크리고 있는 호랑이, 하늘의 문으로 뛰어드는 용虎臥鳳闕, 龍躍天門"으로 묘사되었다. 위衛부인은 《필진도筆陣圖》에서 수직 획은 만년 매달린 시든 덩굴 같아야 하고, 점은 높은 봉우리에서 떨어지는 바위처럼 보여야 한다고 말했다. 손과정孫過庭은 《서보書譜》에서 다음과 같이 자세히 설명했다.

바늘 같은 수직 획과 이슬 맺힌 수직 획의 기묘함, 바위들이 우레와 같은 꽝음을 내며 우르르 떨어지는 놀라운 광경, 기러기들이 날아오르고 놀라 도망치는 짐승들, 그리고 춤추는 봉황과 쏜살같이 지나가는 뱀의 모습, 가파른 절벽과 척박한 봉우리의 기세, 위험에 처해 굳건히 서 있는 나무의 모습 등 다양한 서체의 일련의 이미지를 떠올리게 한다. 어떤 것은 구름이 굴러가는 것처럼 거대하고, 어떤 것은 매미의 날개처럼 섬세하며, 더러는 급류처럼 뿜어져 나오고, 더러는 산처럼 단단하고 견고하며, 일부는 하늘의 초승달처럼 가늘고, 다른 일부는 은하수에 흩어져있는 별처럼 희박하고 외롭다.

여기서 말하는 '이異', '기奇', '자姿', '태態', '형形'은 모두 만유의 생명과 운동 상태이며, 이러한 상상력이 풍부한 작품들은 서예가들이 깊이 이해하고 창의적으로 표현한 자연의 위대한 지혜에서 영감을 얻었다. 이 획에는 노자가 말한 "모양 없는 모양과 형상이 없는 이미지" 상태가 존재하는데, "뒤에 있으면 꼬리를 볼 수 없고, 마주 보면 머리가 보이지 않는다."《노자·14장》는 것이다. 만약 서예가의 상상력이 그 깊고 영원한 자연에 의해 들뜨게 된다면 그는 분명 "황홀경"에 빠져들 수 있을 것이다. 그리고 그의 서예는 우주의 궁극적인 아름다움에 근접하는 궤도에 오르게 된다. 서예의 궁극적인 목적은 도에 근접하는 것이기 때문에 "서도書道"라는 말이 있다. 수백 년 전 서예가들의 작품을 볼 때 우리는 여전히 그들의 맥박이 울려 퍼지는 것을 느낄 수 있고, 그들의 자연에 대한 황홀함과 삶의 희로애락을 공유할 수 있기 때문에 서예는 작가의 생각과 감정을 직접적으로 표현하는 예술임을 안다. 예를 들어 안진경顏眞卿의《제질문祭姪文》을 읽다 보면, 우리는 삶의 조화를 파괴한 참혹한 상황에 공감하며 몸서리가 쳐진다. 게다가 우리는 고유한 매력을 지닌 서예 예술이 자연과의 조화를 지속적으로 추구할 수 있는 이유가 무엇인지에 대해 이해를 한층 더 높일 수 있다.

　서예가 비록 단순한 언어에만 의존하지만, 풍부한 색채나 음표의 울림 없
이도 무지개의 화려함과 음악의 풍부한 조화를 지니고 있기 때문에 서예가
만큼 풍부한 상상력을 가진 예술가는 없다. 서예의 시각적 특성과 음악성은
표면 아래에 잠재되어 있기 때문에 인지할 수 있지만 명확하게 표현하기는
어렵다. 우리는 다음 질문에서 그들의 존재를 추론할 수 있다. 왜 문여가文
與可가 "두 마리 뱀이 얽혀 싸우는 것을 보고 초서草書가 발전했는지?", 회
소懷素는 왜 "여름 구름의 기묘한 형태를 보고 글씨를 따라 배우게 되었는
지?", 장욱張旭이 왜 "공손부인의 검무를 보고 빠른 서체의 진수를 알게 됐
는지?"《신당서新唐書》, 한유韓愈는《송고상상인서送高床上人序》에서 다음과 같
이 썼다.

　　　장욱은 초서에 뛰어났으며, 다른 예술에는 관심이 없었다. 그는 기
　　쁨, 분노, 곤궁, 슬픔, 즐거움, 원한, 그리움, 술에 취한 흥분, 지루함,
　　불만 등 다양한 감정을 느낄 때마다 초서를 통해 표현했다.
　　　그는 자연에서 영감을 얻었다. 산과 강, 절벽과 계곡, 새와 짐승,
　　벌레와 물고기, 나무와 꽃, 열매, 달과 별, 비와 바람, 물과 불, 천둥과
　　번개, 노래와 춤, 전투 등 세상의 모든 변화는 그의 글씨에 담겨졌다.
　　　장욱에게 글씨는 단순히 글자를 쓰는 기술이 아니라 내면의 감정
　　과 자연의 아름다움을 표현하는 예술이었다. 그는 자신의 글씨를 통
　　해 세상을 바라보는 자신의 시각을 표현하고자 했다.

서예가들의 사물에 대한 이해는 겉모습에서 시작하여 그 내면의 정수인
핵심으로 이어진다. 이 점은 또한 말을 평가할 때 작은 세부 사항보다 중요

한 기준에 더 초점을 맞추고 외모보다 말의 본질에 더 중점을 둔 구방고의 이야기에서 가장 통찰력 있게 풀어냈다.

　서예가들이 자연과 완전히 자유롭게 교류할 때 그들은 어떤 가식이나 공리적인 동기가 전혀 없는 상태에 들어가게 된다. 때로는 미쳐 버린 듯한 열광적인 모습까지 보이지만, 그것은 오히려 가장 순수하고 걸림돌 없는 영혼의 표현이다. 사회의 평가나 타인의 시선에 얽매이지 않고, 얻고 잃는 것에 대한 두려움을 버릴 때 비로소 예술가는 자신의 내면에 집중하고 진정한 만족을 경험할 수 있다. 이는 마치 노자의 도덕경에서 말하는 "일희일비一喜一悲"《노자 13장》하는 상태를 벗어나 "잠시 자기 뜻을 얻어 즐겁게 스스로 만족"하고 "형체를 벗어나 방랑한다"는 경지에 도달하는 것과 같다. 당나라 시인 두기竇冀는 회소懷素의 광초狂草에 대해 "갑자기 세 번 다섯 번 큰 소리를 지르며 벽 가득히 천만 자를 종횡무진하였다."《회소자서첩懷素·自敍帖》라고 쓰고 있다. 회소는 반쯤 취해서 관습적인 예의범절을 까맣게 잊고 자신의 진면목을 드러냈다. 비록 그가 청중들에게 장난을 쳤을지 모르지만, 우리는 그가 그 순간 정말로 만족과 행복을 느꼈다고 확신할 수 있다. 이는 중국 화가와 서예가들이 꽤 잘 포착하는 덧없는 만족감이다. 중국 회화와 서예가 모두 즉흥적인 예술인 이유가 바로 여기에 있다. 일본 화가는 하루에 14시간씩 작업을 하면서 작은 것 하나하나를 덧칠하고 한 잎 한 잎 그리면서 사소한 것까지 세심하게 신경을 쓴다고 한다. 벽화 전체를 완성하는 데는 20년이 걸릴지도 모른다. 안타깝게도 이런 종류의 그림은 활기찬 열정과 자유분방한 필치, 대담하고 태평한 인생관을 가진 화가가 그릴 수 없다. 이러한 형벌에 가까운 과정에서 화가의 타고난 본능은 억제되고, 세세한 부분까지 지나치게 신경 쓰다 보면 회화에 떠돌아다니는 생명력을 잃게 된다. 리드미컬한 생명력이 없는 그림은 삶의 맥박이 없는 고목과 다를 바 없다.

자연에서 영감을 받은 중국 서예는 2차원적인 예술에 머무르지 않는다. 포세신包世臣은 《예주쌍즙藝舟雙楫》에서 "놀라울 정도의 강력한 필력으로 서예가는 점과 획을 종이 위에서 춤추고 섞이게 하여 흥미로운 광경을 연출할 수 있다."라고 썼다. 중국의 서예가나 화가들이 붓을 3차원 공간에서 자유롭게 움직일 수 있을 때, 그들은 석도가 "화필에서 자욱한 안개가 피어난다.", "봄비를 흠뻑 적시고 나면 화필이 복숭아꽃을 피운다."라고 표현한 경지에 도달하게 될 것이다. 예술가가 젖은 화필(봄비를 흠뻑 적신 듯)과 마른 화필(가을바람에 날린 듯)에 능숙해지면, 그는 오색 먹으로 그림을 그리거나 글을 쓸 수 있다. 서예가들이 붓으로 "바람의 기운에 젖고, 봄꽃의 아름다움에 따스해지고, 불모의 힘에 자극되어 영감을 받고, 만족의 은혜가 조화를 이루고, 그 기질과 기쁨과 슬픔을 표현할 수 있는" 상태에 도달할 수 있을 때손과정孫過庭·《서보書譜·서序》, 세상은 마치 "서리 바람에 날아오르는 하얀 비단 조각"두보杜甫·《서응書鷹》으로 변해 버린 것 같다. 이것은 하늘에서 불어오는 고귀한 바람, 해변에서 반복적으로 불어오는 바람이 아니던가? 봄의 따뜻함과 가을의 쌀쌀함이 이분법적으로 조화를 이루고 있다. 상서로운 순풍과 거센 폭풍의 이분법에도 조화가 있다. 잔잔한 물과 파도의 벽 사이에도 이분법적 조화가 있다. 우리가 하늘 높은 곳에서 울려 퍼지는 광활하고 웅장한 교향곡을 들을 때, 붓 끝에서 흘러나오는 모든 이해와 통찰은 우리가 자연을 모방한 결과이다.

서예사에는 "진晉나라 사람들은 미美를 중시하고, 당唐나라 사람들은 관습을 숭상했다."라는 설이 있었는데, 이후 당唐 스타일을 경시하고 위魏 스타일을 찬양하는 미학적 경향으로 발전했다. 이러한 견해에 따르면 당 이전의 서예는 소박하고 자연스러웠지만, 당 이후의 서예는 위진 시대의 매력을 잃으면서 무미건조한 관행을 낳았다. 이러한 이론적 설득의 대표적인 저서로는 송宋나라 강기姜夔의 《속서보續書譜》와 청나라 말기 강유위康有爲의 《광예주쌍즙廣藝舟雙楫》이 있다. 후자의 작품에서 강 씨는 "북위北魏의 서판 비문은 모두 빼놓을 수없이 탁월하다. 시골 아이들이 만든 조각상조차도 뼈와 혈육이 웅장하고, 서툴고 투박하면서도 모두 아름다운 모습을 가지고 있으며, 글자를 구성하는 방식도 매우 빈틈없다. (중략) 예를 들어 강 처녀를 소재로 한 사랑 시풍詩와 한·위漢魏 왕조의 동요는 모두 후대의 학자들조차 따라올 수 없는 고유한 매력과 우아함을 지니고 있다." 당나라에서는 같은 시기에 "근체시近體詩"의 관행이 완전히 완성된 것처럼, 서예의 관습이 더 잘 정착되었다.

비록 예술사가 덜 규제된 단계에서 더 규제된 단계로 진화하는 것은 자연스러운 발전이지만, 예술가들이 진정으로 예술적 원리를 터득할 수 없다면 자연적 경로에서 벗어나 그들이 기존 관습에 수동적으로 갇히는 딜레마에 빠지기 쉽다. 강유위는 당시의 도덕규범에 얽매이지 않은 강 처녀의 시풍風詩을 격찬했다. "풍시風詩"는 남녀 간의 낭만적인 사랑을 담은 작품이다. 고대인들은 "바람風"이라는 단어를 남녀의 성적인 관계뿐 아니라 말과 소와 같은 가축들 간의 상호 끌림을 가리키는 데 사용했다. 이 솔직한 묘사는 모든 존재의 자연스러운 본능을 반영한다. 우리는 《시경詩經·국풍國風》을 읽음으로써 젊은 여성들의 솔직하고 열정적인 갈망을 반영하는 직접적이고 진실한 사랑 시가 꽤 많다는 것을 알 수 있다. 강유위는 위진 시대의 서예 역시 이러한 직접적이고 자연스러운 정신을 구현하고 있다고 믿었다. 진실한 眞 요소가 있는 한 서예 작품은 유명한 학자나 유명 인사가 쓴 것이 아니더라도 본질적인 아름다움을 내포할 것이다. 강유위는 더 나아가 "구양순歐陽詢, 우세남虞世南, 저수량褚遂良, 설직薛稷의 서예 작품들은 필법이 완전히 사라지지는 않지만, 고대의 소박한 정신은 크게 약화되었다. 안진경顏眞卿

과 유공권柳公權 시대에는 고전적인 전통이 하나도 남아 있지 않았다."강유위康有爲·《광예주쌍즙廣藝舟雙楫》라고 말했다. 이러한 견해에 따르면 당나라 초기에 4대 서예가가 등장하면서 서예의 소박한 전통이 크게 약화되었고, 그 자연적 매력이 근본적으로 사라졌다고 한다. 안진경顔眞卿과 유공권劉公權 시대에는 그들의 작품에 고대 정신이 한 조각도 남아 있지 않았다. 당나라 서예에 대한 강유위의 혹독한 평가는 극단적이고 편향적이라 볼 수 있지만, 위진 시대의 서체에 대한 그의 동경은 합리적이고 건전하다.

당나라의 손과정은 관습의 부재, 간소함과 화려함에 관한 논쟁에 대해 보다 균형 잡힌 견해를 보였다. 그는 "고대 방식에서 벗어나지 않고 현재의 단점을 피하는 데 균형을 유지했다." 이는 고대 양식의 단순함을 옹호하면서도 문체 혁신에 방해가 되지 않도록 주의하는 입장이다. 다시 말해서 관습의 장점을 긍정하면서도 그러한 규약에 대한 독단적인 집착의 희생양이 되어서는 안 된다. 손과정은 또 진지한 신념 없이 표면적으로 고대 방식에 대한 경의를 표하는 사람들을 비판하며 다음과 같이 말했다. "왜 정교한 궁궐을 동물 굴과 바꾸려고 하는가? 왜 멋진 차량을 낡은 수레와 바꾸는가?"손과정《서보書譜·서序》 다시 말해 시대가 변했는데 군이 정교하게 장식된 궁궐을 버리고 쓸데없는 일을 해야 하는가? 왜 옥으로 장식된 호화 마차를 버리고 그 원시 무복의 낡은 수레를 사려는 것인가?

진정한 예술가는 자연의 무궁무진한 원천에서 영감을 얻고, 엄격한 법칙 속에서도 틀에 박힌 제약 없이 자유롭게 표현하며, 결국 자연으로 돌아가는 과정을 거친다. 이 과정은 고금을 막론하고 진정한 예술 거장들이 반드시 걸어야 했던 길이다. 그렇기 때문에 예술가들이 미에 대한 본능적인 이해와 그것을 삶에서 어떻게 담아낼 것인가에 대한 실천적 훈련이 필요한 이유다.

이 시점에서 나는 현대 서양 예술가들과 현대 중국의 전위 예술가들에 대해 몇 가지 생각을 공유하고자 한다. 20세기는 이른바 모더니스트가 등장하고 확산된 시기이다. 온갖 모더니즘 이론이 끊임없이 등장했고, 화랑 주인들과 미술평론가들의 취향에 따라 여러 유파의 명성이 출렁였다. 일부 유파의 수명은 유행이 오고간 만큼 짧았다. 이러한 모더니즘 이론들은 '자기 중심주의'의 극단적인 형태에 불과하며, 예술의 유일한 목적은 감상자의 이해를 고려하지 않고 자신의 감정을 표출하는 것이라고 말한다. 다시 말해서 예술의 궁극적인 목적은 자신을 표현하는 것이다. 보는 사람이 그의 작품을 이해할 수 있느냐 없느냐는 예술가의 몫이 아니다. 이러한 흐름 속에서 예술평론가들은 자신의 영향력을 행사하고, 화상畵商들은 이익을 추구했다. 관객들이 특정 예술 형식에 지루함을 느끼면 새로운 유행이 등장하며, 예술의 기준은 혼란에 빠지고 결국 무너지게 된다. 새로운 유행과 더욱 극단적인 예술 형식들이 등장하며 혼란은 더욱 심화된다. 마치 회전등처럼 빠르게 변화하는 유행 속에서 전통 기법은 완전히 무시당하고 예술의 기준은 혼란을 넘어 사라지게 된다. 과학 기술이 비약적으로 발전하는 이 시대에 온갖 화려하고 이색적인 제품들이 소비자들을 현혹시켜 분별력 있는 선택 능력을 상실하게 했다. 동시에 미디어는 완전히 상업화되었고, 예술의 질은 부차적인 수준으로 떨어졌다. 제품의 "신선함"이 소비자들에게 주된 어필이 되었고, 이제는 상품화된 예술품들도 새로운 것을 좇는 물결에 휩쓸리지 않을 수 없었다. 예술가들은 더 이상 반 고흐, 고갱, 세잔, 모네에 의해 모범이 된 그러한 성실함을 소중히 여기지 않았다. 그들은 이 위대한 거장들이 보여준 완전한 헌신, 열정적인 추구, 완전한 이타심과 경외심에도 신경 쓰지 않았다. "뉴 웨이브"는 팝 아트 운동을 낳았고, 결국 예술의 본질은 잊혀지고, 돈과 명성만이 중요시되는 풍조가 만연했다. 예술은 대중에게 혼란을 가져다주었고, 예술의 미래에 대한 불안감을 키웠다. 대중은 예술에 대한 거짓된 인식을 가지게 되었다. 예술은 소수의 전유물이라는 생각은 사라졌지만 대신 예술은 누구나 할 수 있다는 극단적인 주장이 등장했다.

조셉 보이스Joseph Beuys는 단 숨에 백만 달러 가치가 있는 맥주 캔을 만들었다. 그러니 나도 한번 시도해 볼 까 생각한다. 쓰레기와 낡은 철사는 훌륭한 예술품이 될 수 있다. 그렇다면 내가 쌓아놓은 쓰레기는 위대한 예술가의 것과 무엇이 다른가? 그래서 해변의 어느 맑은 여름 날, 사람들은 예술품을 만들기 위해 지하실이나 창고에서 찾을 수 있는 녹슨 캔과 깨진 항아리를 모두 쌓아 작품을 "창조"했다. 땀에 젖은 광란의 시간을 보낸 후 그들은 잠시 동안 바다에 몸을 담갔다. 그 후 그들은 자신의 작품과 함께 사진을 찍고 차를 타고 훌쩍 떠나갔다. 이렇게 자연과 협력한 예술은 진정한 행위 예술이 되어 조류가 밀려들자 그 물결 속에서 바다 밑으로 떠내려갔다.

피카소가 아프리카 예술에서 영감을 얻을 수 있었다면, 왜 뉴 웨이브 아티스트들이 더 먼 옛날의 영감을 추구하는 것을 금지해야 하는가? 그래서 현대 토템 예술이 등장했는데, 그것은 더는 흑인이나 아메리카 원주민의 토템 기둥의 조각이 아니다. 그 초기에 남근에 대한 인간 숭배는 진실하고 경건했다. 오늘날 히피족에 대한 토템 숭배는 긴 머리를 가졌든 대머리가 되었든 간에 성적 문란과 에이즈를 초래했을 뿐이다. 그들의 동시적 예술적 추구는 성을 영원한 주제로 삼았다는 것이다. 전시장에는 "수컷牡"이라는 제목의 거대한 검은 장대가 있고, 그 반대편에는 "암컷牝"이라는 제목의 나무줄기에 있는 블랙홀이 있다. 예술의 타락은 실제로 상상할 수 없는 극단적인 수준에 이르렀다!

소위 예술가들은 순수하고 소박한 척하지만 사실은 과시적이고 허영심이

강하다. 그들은 천진난만함을 가장하지만 교활하고 불성실하다. 두보杜甫 시대에 혁신적인 시들을 조롱하던 하찮은 소리꾼들처럼, 이 소위 예술가들은 예술을 모독했을 뿐만 아니라 과거 거장들의 작품을 훼손하기도 했다. 최근 한 파티에서 어떤 뉴 웨이브 조각가는 로댕의 작품을 "중학생 수준의 작품"이라고 했다. 나는 와인 잔을 내려놓고 그에게 진지하게 말했다. "나는 로댕을 존경합니다." 뒤이어 벌어진 어안이 벙벙한 침묵 속에서 관객들은 무뚝뚝한 대화로 구현된 완전히 다른 예술적 가치를 곰곰이 숙고하기 시작했다. 자연과 생명의 조화는 겉보기에는 서로 모순되는 것처럼 보이지만 그 친화력에 기반을 두고 있다. 서예 예술도 마찬가지이다. 강함을 부드러움으로 절제하고, 무거움과 가벼움을 오가며, 젖은 붓과 마른 붓을 번갈아 사용하고, 빠른 필치와 느린 필치를 섞는 것은 당신의 필치가 진정한 생명력이 있는지를 결정한다. 당나라의 손과정은 자신의 《서보서書譜序》에서 서예의 흔한 실수에 대해 다음과 같이 언급하고 있다.

고지식하고 정직한 사람은 힘과 우아함이 결여된 직설적인 글을 쓰는 경향이 있고, 단호하고 거친 사람은 우아함이 결여된 완고한 글을 쓰는 경향이 있으며, 내성적인 사람은 소심하고 제한적인 태도로 글을 쓰는 경향이 있다. 충동적인 사람은 규칙과 관습을 고려하지 않고 글을 쓰는 경향이 있다. 온화하고 침착한 사람은 부드럽고 느린 문체로 글을 쓰는 경향이 있다. 경솔하고 성급한 사람은 빠르고 격렬하게 글을 쓰는 경향이 있다. 망설이고 의심하는 사람은 정체되고 매끄럽지 못한 방식으로 글을 쓰는 경향이 있고, 어색하고 서투른 사람은 멈칫거리는 경향이 있으며, 천박하고 경박한 사람은 저속한 관리처럼 글을 쓰는 경향이 있다.

위의 내용을 요약하자면 지나친 노출은 내적 힘을 빼앗고, 지나친 단호함은 우아함을 빼앗고, 과도한 유보는 자기 구속이며, 온화함은 나무랄 데 없지만 부드러움을 손상시킬 수 있다. 지나친 성급함은 공격으로 이어질 수 있고, 주저하고 의심이 많은 사람들은 그들의 힘을 어슬렁거리는 경향이 있다. 어색하고 서투른 사람은 우둔하며, 천박하고 경박한 사람은 편협한 관리들과 비교된다.

위의 모든 서예의 실수는 이분법의 한 쪽에서 통제력을 상실하여 다른 쪽이 지배하게 된 결과일 수 있다. 이것은 노자의 가르침과 일치하지 않는다. 노자는 다음과 같이 말한다. "남자다움을 아는 자는 여성다움을 유지하고, 흰 것을 아는 자는 검은 것을 유지한다."《노자·28장》 그의 서예가 노자의 변증법적 사고를 따라 다음을 달성할 수 있다면, 서예가는 조화의 영역에 도달한 것이다. 즉, 여유로운 면모를 유지하면서도 꿋꿋함을 유지하고, 온화하고 세련된 마음을 유지하며 신속함을 알고, 품위를 유지하면서도 부력을 아는 것이다.

앞서 지적한 바와 같이 서예의 기법은 자연의 움직임과 변화의 원리뿐만 아니라 모든 자연의 생명체의 생명 리듬에서 파생되어 "도법자연道法自然"의 또 다른 예를 제공한다. 중국 미술사에서 "서예와 회화는 기원이 같다."라는 주장이 항상 진리로 여겨져 온 근본적인 이유도 자연의 모든 생물에서 표현의 대상을 취하는 그림이 같은 방식으로 "도법자연"을 따르기 때문이다. 여기에서 "자연"은 물론 일반적인 현상이나 개념적인 자연이 아니라 노자 철학에 기술된 자연으로 우주와 천지만물의 근본 원리이다. 중국 회화의 기본 요소는 선, 획, 먹으로 회화의 질을 결정짓고, 나아가 서예와 직결된다.

주周나라와 진秦나라 시대에 중국 서예는 장엄한 경지에 이르렀다. 《괵계자백반虢季子白盘》, 《산씨반散氏盘》, 《석고문石鼓文》은 대전大篆의 본보기가 되었으며, 이 비문들은 모두 섬세하고 아름다운 구도를 보여준다. 한漢·위魏 육조六朝시대 비문에 이르러서는 중국 서예의 면모가 더욱 풍부해지고 다양한 변형을 이루었다. 중국 회화의 역사에서 이러한 서판 비문의 중요성은 서양 회화 역사와 그리스 조각의 중요성과 유사하다. 둘 다 미래의 예술 발전을 위한 모델과 기준을 세우면서 영원한 전통의 근간 역할을 했다.

서예가는 화가보다 수백 년 앞서가는 선의 영감과 필법의 비밀을 터득했다. 화가들은 아직도 변화가 적고 표현력이 부족하여 감정적 색채가 약한 철선묘鐵線描(철사 줄처럼 굵고 가는 데가 없이 두께가 일정한 필법)나 춘잠토사묘春蠶吐絲描(봄누에가 실을 뽑아내듯 부드럽고 하늘거리는 선이 특징)에 의존하고 있을 때 중국 서예가들은 너무나 혁신적인 기법을 사용하여 이미 이미 구름을 타고 하늘을 날아 자유롭게 표현하고 있었다. 왕희지王羲之는 《제필진도후題筆陣圖後》에서 이미 서예의 변형 기법을 군사전략과 비교했고, 여기에는 교란, 속임수, 실물과 거짓을 섞는 전술이 포함되어 있었다. 이때 고개지顧愷之는 무엇을 하고 있었을까? 그는 여전히 "표현하고 싶은 생각을 한 획으로 다 담을 수 없는 단계"에 머물러 있었고, 서예가의 자유분방한 기품과는 거리가 멀었다.

당대唐代에 이르러 서예가와 화가는 모두 충분한 표현력을 발산했다. 회소懷素가 몇 번 절규하고 나서 최고의 자신감과 재능으로 종횡무진 글을 쓰기 시작했을 때, 오도자吳道子도 고도의 기술을 개발했다. "그가 그림을 그릴 때 그의 붓은 가파른 바람과 폭우처럼 번쩍였다. 붓이 어느 지점에 도달하기도 전에 그의 기氣가 이미 붓을 집어삼켜 버렸다." 그러나 그의 순엽묘

純葉描 기법도 견고함과 가벼움 사이의 적절한 균형을 이루었을 뿐인데, 이 것은 가변적인 힘, 부드러운 웅장함, 그리고 광초의 고요함과 움직임 사이의 복잡한 균형과는 비교할 수 없는 풍부한 원형 선 사이의 올바른 균형을 달성했을 뿐이다. 당대 이전의 그림(공필초상화, 산수화조화)은 상상력이 부족했는데, 이는 화가들의 배움과 수련이 부족했을 뿐만 아니라 예술적 언어가 없었기 때문이다. 이러한 결핍은 서예가와 화가가 힘을 합쳐 중국 미술의 선 기법을 발전시킨 송·원宋元왕조까지 지속되었다.

우리는 서예를 모든 자연 현상에 대한 추상적이고 단순한 응축 및 연대기, 모든 자연법칙의 심오한 부호화, 아름다운 점과 필치로 자연의 신비로운 구현, 그리고 모든 생명체, 다양한 빛의 음영, 그리고 변화하는 움직임의 속도를 녹이는 마법의 용광로라고 간주해도 무방하다. 글씨는 또한 서예가의 개성, 기품, 학식, 생명력의 성쇠, 정신의 명암을 정확하게 측정하는 도구이다. "화풍은 화가의 개성을 반영한다."라는 말을 뒷받침하는 실제 사례도 있지만 예외는 더 많다. 그러나 "서체는 서예가의 개성이 반영되어 있다."라는 말에는 거의 예외가 없다. 부청주傳靑主는 노년의 어느 날 대나무 바구니에 담긴 자신의 서화 작품을 훑어보던 중 한 작품을 보고 크게 놀라 낯빛이 변했다고 한다. 그는 자신이 곧 죽을 것이라고 말했고, 실제로 그의 말은 예언처럼 이루어졌다. 뛰어난 의술 지식을 가진 부청주였기에 자신의 죽음을 예측할 수 있었던 것으로 보인다. 중국 서예의 영원한 매력은 중국화에서보다 더 본질적이고 깊이 있는 "도법자연"의 정신에 그 기원을 두고 있다.

노자는 우주에 대한 그의 이해를 바탕으로 "도법자연"이라는 최고의 명제를 제시했다. 육체적 쾌락에 대한 그의 반대를 바탕으로 유토피아적 다양성의 단순한 삶으로의 회귀를 주장했고, 도에 대한 이해를 바탕으로 "영유

아기 상태로 돌아가는 것"의 원칙을 주장했다. 그는 도의 요구에 대한 이해를 바탕으로, "매우 고요한 의식을 가진 완전히 텅 빈 마음"의 상태를 제시했다. 위의 논점들은 미학적인 논의의 맥락에서 나온 것은 아니지만 산문, 시, 회화 이론의 근간을 이루는 중국 미학의 본질을 아우르고 있다. 피상적인 아름다움에 반대하면서 노자는 사실상 마음의 진정성 있고 본질적인 아름다움을 강조했다. 노자는 "도법자연"의 원칙을 강조하면서, 사실상 그 본질적인 영원한 조화에서 발견되는 우주의 위대한 아름다움을 추구했다. 따라서 예술의 기본 원칙은 내재적 아름다움의 육성을 통한 위대한 아름다움의 추구이며, 이는 예술 창작의 본질이기도 하다. 우리는 노자의 철학이 비미학非美學에 기초한 미학이라고 말한다. 왜냐하면 그것은 육체적 쾌락에 대한 거부일 뿐만 아니라 그가 위대한 우주의 법칙과 사회적 격변 그리고 만물의 성쇠에 대한 변증법적인 이해에 대해 논했지만, 그는 어떤 장에서도 예술적 규칙이나 원칙을 구체적이고 상세하게 논의한 바가 없기 때문이다. 바로 이러한 이유 때문에 노자의 광범위한 이론에는 자연에 대한 헤아릴 수 없는 지혜의 보물이 담겨 있다. 우리가 그것에 가까워질 때 그 세속적인 속세의 소란스러움과 마음의 오염을 깨끗이 다 씻어주는 일종의 종교적 세례처럼 느껴질 것이다. 그러면 당신은 즉각적으로 마음속 가장 깊은 곳에서 가장 진정으로 아름다운 두 단어, 즉 조화와 성실을 발견하게 될 것이다.

니체尼采(2015)

몽접夢蝶(2014)

梦蝶 甲午 冀范曾

제**12**장

하나이며 동일 한 시와 그림

詩畵一體

예로부터 시인이자 화가인 사람은 많았지만, 화가이자 시인인 사람은 드물었다. 시인들은 시에 대한 영감의 공감대를 바탕으로 시의 우열을 판단하지만, 화가는 이미 시적 감수성을 가지고 있기 때문에 언어적인 표현력이 부족하다고 해서 그림에 영향을 미치지는 않는다. 팔대산인의 시가 읽을 만한가? 석도의 시가 전해질 만한가? 근대의 제백석齊白石의 시는 산촌 노래나 소리에 비유할 수 있을 뿐, 그 외는 말할 가치가 없다. 중요한 것은 이 화가들이 시적 감수성을 가지고 있느냐 하는 것이다. 만약 그렇다면, 그들의 그림도 역시 시라는 것이다.

중국 고대 시인들 중 최고의 시인들은 진정한 사물에 대한 이해에 그들의 진정한 감정을 적용하고, 그들의 진정한 감정을 표현하기 위해 참된 사물을 사용했기 때문에, 그들이 달성한 진정한 영역은 세계 어느 나라의 시인과도 비교할 수 없는 것이다. 중국문자는 한 글자마다 하나의 발음을 가지고 있으며(한 단어가 여러 개의 발음을 가지고 있어도, 한자어가 다음절이 아니기 때문에 동일하게 적용됨), 한 글자에 여러 의미가 있고, 여러 품사로 사용될 수 있어 중국어는 다양하고 함축적인 시적 언어로 변화하게 된다.

시를 논할 때는, 유희재劉熙載의 《예개藝槪》를 꼭 읽어야 한다. 이 작품의 《사곡개詞曲槪》에서 예를 하나 들어보겠다.

진관秦觀의 시《수룡음水龍吟》에는 두 구절이 있다. "자그마한 누각은 저 멀리 하늘에 닿은 듯 가로 걸려 있고, 아래로는 아름다운 수레에 치장한 말들 달려가는 것이 보인다.小樓連遠橫空, 下窺繡轂 雕鞍驟" 소동파는 "13자를, 그저 한 사람이 누각 앞을 지나는 것만을 묘사했네!"라며 비웃었다. 이 비판은 매우 재치 있지만 진관의 아들 진담秦湛 또한《복산자卜算子》에서 다음과 같은 사구를 썼다. "멀리 연기 속에 백척 높이의 누각이 있는데, 누각 안에 사람이 있는지 없는지?極目煙中百尺樓, 人在樓中否" 나는 이 구절이 그의 아버지보다 더 훌륭하고 강한 함축성이 있다고 생각하지만 만약 동파가 그것을 읽었다면 무슨 말을 했을까? 이것은 융재融齋선생의 기묘한 질문이다. 사실 소동파는 진담의 시를 읽은 적이 없지만, 그가 비웃었던 진관의 "13자" 문제는 어린 진의 시에서는 나타나지 않았다. 진담은 시간의 흐름에 의해 야기된 형언할 수 없는 슬픔을 전하기 위해 12개의 단어만을 사용했다. 유 씨는 특히 "공중에 울려 퍼지는 소리"라는 시적 상태를 강조했다. "시인이 이전 생각을 다음 생각으로 옮길 수 있었을 때, 그는 그 조치를 취하지 않았다. 대신 그는 다음 생각이 저절로 나오도록 시도하면서 생생한 묘사를 한다. 이것이 바로《초사楚辭》의 다음 구절에서 표현된 생각이다. 당신은 가지 않을 텐데 망설이고 있네, 누가 당신을 붙잡아 중주中洲에 머무르게 하는가? 이는 마치 한 폭의 수묵화처럼, 뛰어난 문인의 간결한 필법을 묘사한 매우 훌륭한 평가이다.

유 씨는 "시의 방법론"에 대해 다음과 같이 말했다. "그것은 서로 대립하는 요소들 즉, 비범하고 평범한 것, 공허하고 단단한 것, 높고 낮은 것, 열리고 닫히는 것, 섬세하고 담백한 것, 느슨하고 팽팽한 것 등 상반된 요소들이 상호간에 마찰하고 울림을 이루어야 한다.” 이것은 경영위치經營位置(화육법의 하나로, 구도 및 위치 설정을 고려하는 것)와 섬세한 필치, 자유로운 붓놀림의 조합에 대한 훌륭한 이론화의 또 다른 사례이며, 독자는 “마찰摩”과 “울림蕩”이라는 문구에 특히 주의를 기울여야 한다.

시와 그림에 대해 말하자면 그림은 시의 영향을 많이 받지만, 시가 그림의 영향을 받는 경우는 드물다. 그 이유는 시는 인간의 마음을 직접적으로 표현하며, 함축적이고 깊은 의미를 담고 있기 때문에 그림으로는 표현하기 어렵다. 용재는 이어 “시는 신선함과 혁신을 중시한다. 옛날의 진부한 표현에 절대 의존해서는 안 된다. 과거에 신선하고 혁신적이었던 것을 단순히 모방하면 진부해진다. 과거 시인들의 표현을 답습하는 것은 진주를 줍는 것이 아니라 재를 줍는 것과 같다.”라고 말했다. 이것은 오늘날의 화가들에게 특히 해당된다. 많은 사람들이 고대와 근대 화가들을 모방하지만, 과거의 신선함과 혁신성을 유지할 수 있는 화가는 거의 없다. 단순히 서양 포스트모더니즘의 거장들을 모방하면서도 작품의 신선함과 혁신성을 과시하는 이들은 극히 진부한 예술만 만들어냈다. 이것은 그리스신화에 나오는 인물 탄탈루스가 고민했던 딜레마와 유사하다. “그가 손을 뻗어 열매를 따려고 하면 바람이 불어 열매가 손이 닿지 않는 곳으로 가 버렸고, 턱을 숙여 물을 마시려하면 물이 말라버려 물을 마실 수 없었다.”

이상의 세 단락을 종합해 보면 다음과 같이 요약할 수 있다. 깊은 통찰력을 가진 사람이 시를 잘 모르는 경우는 거의 없다. 시적인 감성이 없는 사람이 그림의 도道를 이해한 적은 없었다. 서예는 중국 문인화의 필수 요소이며, 서예적 소양 없이 그림의 최고 경지에 도달하려는 것은 불가능하다.

유소사有所思(1998)

제13장

증거의 예시

어느 날 제자인 유파劉波, 설효원薛曉源, 손경양孫景陽이 내 화실에 모여 고금에 대해 열띤 토론을 벌이고 있었다. 그때 유파가 벽에 한 장의 선지를 펼쳐 놓고 망설이며 나에게 물었다.

"선생님, 이것에 그림을 그리시겠습니까? 설 군과 손 군도 내가 그림을 그리기를 원하는 듯하여 나는 손을 흔들며 벌떡 일어나 "황빈홍黃賓虹의 초상화는 어떤가?"라고 말했다. 모두들 펄쩍펄쩍 뛰며 환호했다. 그래서 나는 황빈홍의 1인치 사진을 손에 들고 잠시 연구했다. 그리고 붓에 먹물을 담아 황 선생의 안경을 그리기 시작했다. 유 군과 황 군은 서로 속삭이며 "너무 작아."라고 말했다. 그러나 두 눈이 완성되고, 눈꺼풀과 근육이 표현되고, 눈썹뼈가 드러나고, 서리가 내린 듯한 눈썹이 나타나자 모두 손뼉을 치며 감탄했다. "정말 황빈홍의 모습 그대로다!"

두 사람의 속삭임을 들은 나는 놀리듯 말했다. "안경테를 더 크게 해야 할까?" 코를 그리자 황 선생의 호흡이 자연스럽게 묘사되었다. 그리고 코끝과 입술구석, 입가를 그리자 황 선생의 강인함, 끈기, 학식 등이 모두 표현되었다.

붓놀림을 바꿔 수염을 그렸고, 마지막으로 이마에 한 번의 붓놀림으로 모자를 덮었다.

모두들 손뼉을 치며 감탄했다. 나 역시 미친 듯 울부짖었다. 더욱 기세를 낼 붓놀림으로 두 팔을 벌리고 서 있는 황 선생의 전신을 그렸다. 그리고 신발 부분까지 이르자 내가 무엇을 그리는지조차 잊을 뻔했다. 몇 초 만에 초상화가 완성되었다. 그림이 완성되자 유파는 겨우 20분밖에 걸리지 않았다고 말했다. 이 그림은 이제 나의 대표작 중 하나가 되었다. 하늘이 내린 좋은 날이 아니었다면 이렇게 완벽하게 그릴 수는 없었을 것이다.

내가 지금까지 이 책에 서술한 내용은 지난 반세기 동안 회화라는 주제에 대해 깨달은 바를 정리한 것이다. 내가 그린 황빈홍의 예는 이 책에 담긴 모든 말들이 나의 실제 경험에 바탕을 두고 있다는 증거가 될 것이다.

황빈홍의 초상화가 완성되자 우리는 그것을 벽에 걸어두고 두 시간 동안 앉아 감상했다. 우리는 그것이 완벽하다고 느꼈다. 단 한 획도 더하거나 생략될 것이 없었다. 그림을 감상하는 동안 내 땀은 마르지 않았지만 방금 일어난 일을 잊고 그림에 몰두해 있었다. 다행히도 그 20분 동안의 일은 모두 존재의 증거로 비디오에 기록되었다.

황빈홍黃賓虹(2006)

黄宾虹肖像(2006)

제**14**장

맺는말

수많은 중국 고대 문인 화가들이 있었지만, 천고에 버금가는 그림솜씨와 당대를 압도하는 굳건한 예술론을 가진 사람은 찾아보기 힘들다.

내가 《화외화畵外話· 발묵종규潑墨鍾馗》에서 했던 말처럼 그림을 그리기 위해서는 다음과 같은 요소들이 필요하다.

그림을 그리는 데 가장 중요한 것은 화가의 주관적인 심리 상태이다. 마치 뛰는 말을 잡아채고 하늘 끝까지 질주하는 듯한 웅장한 기개, 만물이 눈앞에 펼쳐지고 자연의 조화를 마음대로 다스리는 듯한 강력한 힘, 그리고 매서운 매가 먹이를 탐하는 듯, 번개와 천둥처럼 빠른 필치가 필요하다. 이러한 상태에서 옷을 벗고 붓을 휘두르며, 과거와 현재를 잊고 자유롭게 그림을 그리면 마치 눈앞에 있는 실제 사물을 그리는 것처럼 생생하게 표현된다. 붓을 내려놓는 순간은 폭포가 떨어지는 듯 웅장하고, 종소리가 울리는 듯 깊은 여운을 남긴다. 그는 자신을 마구 표현하고 있는 반면 그는 여전히 적절한 자제력을 발휘한다. 그의 분출되는 감정은 걷잡을 수 없이 보일지 모르지만,

그는 결국 모든 에너지를 억제할 것이다. 하지만 수묵화의 어려움은 여기서 그치지 않는다. 수묵인물화潑墨人物画는 더욱 어렵다. 찰나의 순간에 화가는 표현하려는 인물의 마음과 완전히 하나가 되어야 하고, 정신적으로 교감하며 마음속에 구상한 바를 설득력 있게 구체화해야 한다. 이 얼마나 경이롭고 뛰어난 영역인가! 수묵화는 저속하고, 주저하고, 겁먹는 감정과는 무관하다. 수묵潑墨의 욕망은 누구나 가지고 있고, 상상 속에서는 매우 신기하지만, 실제로 붓을 들면 곧 걸림돌에 부딪히게 된다. 붓이 종이에 닿는 순간, 실패작이 연달아 나오게 된다. 그런 순간 좌절감이 생기고 마음의 평화를 얻기 어렵다. 정신적 평온 없이는 진정한 감정이 있을 수 없고, 벼루와 먹을 산산조각 내고, 붓을 부수고, 종이를 찢는 것 외에는 할 수 있는 일이 없다. 그러므로 수묵인물화는 순간적인 영감과 섬세한 표현력, 그리고 인물과의 심리적인 교감을 요구하는 매우 높은 수준의 예술이다. 이러한 어려움을 극복하고 성공적인 수묵화를 창조하기 위해서는 끊임없는 노력과 탐구가 필요하다. 이 때문에 수묵인물화에서 요구하는 학문, 실력, 식견, 수양, 그리고 재능의 조합이 필요하다.

이 문단은 수묵인물화潑墨人物画에 대한 이야기이지만, 사실 중국 전통 문인화 전반에 적용되는 내용이다. 산수, 화조, 인물 어떤 장르를 막론하고 이 글의 핵심을 깊이 이해하는 사람은 오늘날 흔히 찾아보기 힘들다.

위의 구절에서 언급하지 못한 부분을 채우기 위해 신가헌辛稼軒의 다음 두 편의 사詞를 소개하고자 한다. 첫 번째 시는 신 씨와 도연명의 깊은 감정적 유대감을 보여준 《하신랑賀新郎》이다.

참으로 내가 늙었구나! 한평생의 교우가 줄어들고 이제 몇이나 남았을까? 백발이 하늘에 닿을 듯 길게 드리워져 세상의 모든 일을 한 번 웃어넘기네. 무엇이 그대를 기쁘게 할 수 있겠느냐고 묻거든 나는 말하리라. 내가 본 청산은 참으로 아름답구나. 청산도 나를 보고 분명 이렇게 생각할 것이리라. 우리의 마음과 모습이 비슷하니.

동쪽 창가에서 술잔을 기울이며 도연명이 《정운停雲》시를 지었을 때의 풍미를 생각한다. 명예를 탐구하며 술에 취하는 강남 사람들은 탁주濁醪의 미묘한 맛을 어떻게 알겠는가? 뒤돌아보며 소리치니 구름이 날고 바람이 일어난다. 옛사람을 만나지 못함을 한탄하지는 않지만, 옛사람들이 나를 만나지 못함을 한탄하노라. 나를 이해하는 이는 고작 두세 사람뿐이니.

두 번째 사詞는 《서강월西江月》이다.

술에 취해 즐거움을 만끽하는데 어찌 근심할 겨를이 있겠는가? 요즘에야 고대 사람들의 책이 전혀 쓸모가 없다는 것을 깨달았다.

어젯밤 소나무 곁에서 취해 쓰러져 소나무에게 물었다. "내가 얼마나 취했느냐? 소나무가 움직여 나를 부축하려는 듯 해서 소나무에게 손을 내밀어 밀치며 말했다. "가거라!"

이 두 편의 사를 읽고 당신은 어떤 느낌이 드는가? 당신이 내 저서인 《중국화법연구中國書法研究》를 읽다가 때로는 감동을 느낀 적도 있었겠지만, 책을 덮고 생각해보니 지나치게 과격하고 격렬하다는 느낌이 들었을 수도 있다. 만약 그렇다면 신가헌의 사를 좀 더 읽어보기를 권한다. 그러면 비록 내가 격렬하지만 실제로는 고대 중국 문화에 대한 깊고 진심 어린 애정과 그리움을 가지고 있음을 깨닫게 될 것이고, 그런 나의 감정 표현들이 신가헌 보다 훨씬 온화하고 차분하다는 것을 알게 될 것이다.

후적벽부后赤壁赋

종규신위鍾馗神威(1996)

팔대산인의 초상화八大山人造像

세계적인 거장 범증范曾선생의 저서 《노장심해老莊心解》와 《중국화법연구中國畵法研究》를 번역해 달라는 의뢰를 받은 날, 나는 솔직히 다소 형언할 수 없는 "흥분興奮"을 감추지 못했다. 왜냐하면 이는 인생에서 몇 번 오지 않을 최고의 기회라 생각했기 때문이다. 마치 춘추전국春秋戰國시대의 노자에 대한 사람들의 인상이 너무나 화려하고 신비로워서, 성인이 실제로 장엄한 천신天神, 즉 머리만 보이고 꼬리는 볼 수 없는 진정한 용으로 변했다는 것을 알 수 있듯, 바로 그날 느낀 나의 감정이 이와 비슷했기 때문이다.

나는 어려서부터 동양 고전을 좋아하고, 특히 조상 대대로 서당을 운영하고 교편을 잡은 집안 가풍으로 한문에 남다른 자질이 있었으며, 중국 유학을 선택 한 이유도 이를 토대로 고대부터 당대에 이르기까지 중국의 문사철文史哲을 제대로 이해하고자 했기 때문이다. 지금까지 중국의 역사와 철학, 문학에 관한 많은 책들을 읽고 학식도 쌓았지만, 사실 이번 번역을 통해 노자와 장자에 대해 여지껏 접해 보지 못한 범증 선생만의 독특한 시각으로 그 둘의 차이를 확실히 이해하게 되었고, 노장사상(도가사상 포함)과 중국 회화 예술의 본질과 가치에 대해서도 새롭게 정립하는 매우 뜻깊은 기회가 되었다.

나는 번역의 첫 단락이었던 이 부분을 가장 의미 있게 여러 번 읽고 음미했다.

"심해心解"는 내가 노자老子, 장자莊子를 읽고 마음으로 깨달은 바를 기록한 것이다. 형식적이고 정확한 주석도 아니고, 길고 상세한 전기도 아니다. 관심이 가는 곳마다 다른 사람들이 자세히 탐구하지 않았거나 단순히 피했던 측면에 초점을 맞추어 내 생각을 기록했다. 비록 그것이 과거나 현재의 견해와 일치하지 않을 수도 있지만, 노자와 장자에 대한 나의 분석은 때때로 모호했던 본연의 의미를 밝혀 줄 수 있을 것이다. 이것이 내가 조잡하고 제한된 이해에도 불구하고, 이 책을 구성하는 8만여 자를 쓴 이유이다.

여기에서 나온 "심해心解"라는 단어는 매우 인상적이다. 범증 선생이 지적한 대로 "마음으로 깨달은 바"이다. 나는 이 책의 번역을 통해 마음으로 깨닫는 과정의 여정을 또한 깨닫게 되었다. 이보다 더 큰 즐거움至樂이 어디 있을까?

하지만 번역의 과정은 결코 쉽지만은 않았다. 범증 선생이 쓰는 언어나 사상은 매우 고차원적이면서도 내용의 깊이가 심도 있었기 때문이다. 또한 국내외는 물론 예나 지금이나 노장사상에 대한 책들이 많이 출간되었고, 게다가 이를 연구한 대가들이 많아서, 사실상 각각의 주석이 다르고 해석이 다른 것도 사실이다. 이 점은 역자에게 매우 큰 부담이기도 했고, 혹여 범증 선생의 전체적 시각과 언어를 제대로 이해하지 못하고 본연의 의미를 왜곡하거나 오역하는 것을 막기 위해 많은 학자들의 책과 문헌을 고찰하고 검토하면서 한 줄 한 줄 번역했다. 특히 본문의 수많은 인용과 고사, 문론文論, 시적인 표현들은 번역의 가장 어려운 부분들이기도 했다.

하지만 번역을 하면서 끝까지 지켰던 원칙은 독자들에게 보다 쉽게 접근하고 이해할 수 있도록 번역하는 데 중점을 두었다.

범증 선생은 번역자인 나에게 장자가 말한 "지락至樂"의 경지를 제대로 경험하게 해 주었다. 오랜 시간 동안 힘들고 어려운 과정이었지만, "자기 유희"에 빠지니 하루하루가 즐거웠다. 그리고 그 안에는 "열정"이 샘솟았다. 무언가를 할 때 내 것을 다 버리고서라도 그 즐거움을 누리고 싶은 마음의 상태, 그것이 "열정"이고, "지락(더 이상이 없는 최고의 즐거움)"임을 알게 되었다. 범증 선생의 부친께서도 시를 쓰고 혼자 낭독하다 상자 안에 넣어 두시고는 책으로 출간하는 것조차 원치 않았던 시인의 정신이 바로 이러한 자기 유희의 진정한 의미였을 것이다. 이번 번역은 내게 이점을 깊이 깨닫게 해 주었다.

마지막으로 이 기회를 빌려 저자인 범증 선생께 전하고 싶은 말은 저자 자신에게는 비록 8만여 자로 된 한 권의 책에 불과하겠지만, 향후 우리가 살아갈 인류 문화의 발전과 4차 산업 혁명 시대를 살아가고 있는 인류의 영적 사상의 가치를 고양시키는데 큰 역량이 될 것이라 확신한다. 이 점에 대해 나는 독자의 한 사람으로서 다시 한 번 깊은 존경과 감사를 드리며, 역자로서는 다소 미흡하고 부족한 점이 있지만 《노장심해》와 《중국화법연구》가 한국 독자들에게 좋은 영향을 줄 수 있는 책으로 출판되기를 기원해 본다.

역자 신의경

| 옮긴이 소개 |

신의경 申宜暻

　　1973년 제주 태생으로, 1997년 중국 베이징으로 유학을 떠나 북경대학교 문학석사 학위(비교문학) 취득, 2004년 중국 복단대학교에서 문학박사(중국현당대문학)학위를 취득하였다. 현재 제주한라대학교 교수로 재직하고 있으며, 동 대학교에서 국제교류처 장, 세종학당 및 공자학원 원장, 한라·남개대학교 중국언어문화센터장을 맡고 있다.

　　중국 유학시절부터 국내 주요 언론사 및 방송사의 리포터와 신문 기고를 통해 다양한 활동을 하고 있다. 또한 2017년 국내 《현대문예》를 통해 시인으로 등단했으며, 2014년, 2019년 교육부 장관상 수상, 2021년에는 중국 정부로부터 공자학원 우수 원장상을 수여받기도 하였다.

　　이외, 중국 대중문화 연구를 통한 《중국영화제》, 《논어살롱》, 《공자 토크 콘서트》 등 다양한 활동을 펼치고 있으며, 각종 중국어 교재 및 전공 관련 서적을 집필하기도 하였다.

중국 회화 예술에 관하여
中國畵法研究

초판 1쇄 인쇄 2024년 7월   1일
초판 1쇄 발행 2024년 7월 20일

지 은 이 | 범증(范曾)
옮 긴 이 | 신의경(申宜曔)
펴 낸 이 | 하운근
펴 낸 곳 | 學古房

주   소 | 경기도 고양시 덕양구 통일로 140 삼송테크노밸리 A동 B224
전   화 | (02)353-9908 편집부(02)356-9903
팩   스 | (02)6959-8234
홈페이지 | http://hakgobang.co.kr
전자우편 | hakgobang@naver.com, hakgobang@chol.com
등록번호 | 제311-1994-000001호

ISBN 979-11-6995-497-6 93100

값 : 20,000원

■ 파본은 교환해 드립니다.